一個都不能少

再思青少年的成長與牧養

蔡元雲 著

一個都不能少——再思青少年的成長與牧養
作者／蔡元雲
總編輯／馬鎮梅
責任編輯／余雅怡
美術設計／黃漢威
攝影／陳濬人
出版發行／突破出版社
香港沙田亞公角山路33號突破青年村
電話：2632 0000　傳真：2632 0388
電郵：breakthrough@breakthrough.org.hk
網址：http://www.breakthrough.org.hk
http://www.btproduct.com
承印／陽光印刷製本廠
2005 年 10 月初版 1 刷
2016 年 1 月初版 3 刷

Not One Less: Rethinking the youth and the ministry
by Philemon Choi
First Printing, First Edition, October 2005
Third Printing, First Edition, January 2016

Printed in Hong Kong
ISBN 978-962-8791-86-6

誠邀閣下就突破出版社的書籍發表意見
歡迎加入突破書籍Facebook page — http://www.facebook.com/btbooks.page
本書採用環保油墨印刷

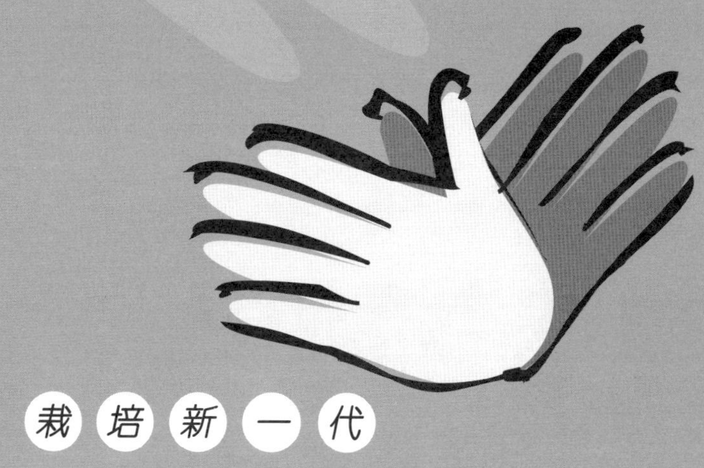

栽培新一代

年輕的心 驛動卻美麗

認識 貼近

關愛 同行

建造新一代更動人的生命

目錄

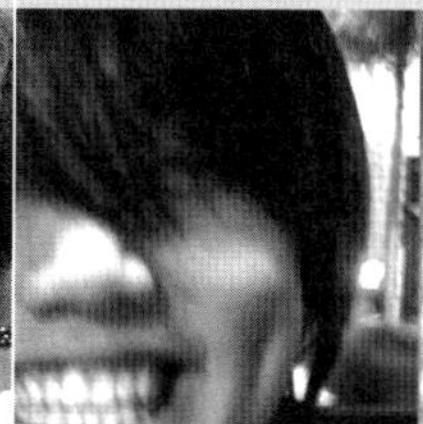

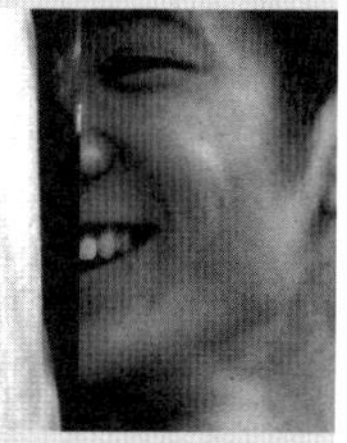

編序

繼續切磋、尋找答案

本書並不能為你提供一道成功牧養青少年的公式，只會給你帶來更多的問題和衝擊。

如何吸引青少年上教會、如何牧養青少年等主題，近年來在教會圈子內討論得甚囂塵上，教會之間也互相觀摩，參考到底怎樣的模式才能吸引青少年。青少年服務單位也出現類似的情況，需要重新摸索服務的模式與方向。故此，隨之而來的研討會、策略講座，都是針對解決教會及青少年工作者的燃眉之急；這些並非不重要，但牧養青少年不應只停留於搞活動、安排程序等硬件式的層次。我們必須繼續探問：究竟我們舉辦的聚會、提供的服務是要牧養／服侍青少年成為一個怎樣的人呢？

對教會而言，牧養青少年的目標單單為教導他們遵照神的吩咐，愛神愛人、信仰生命成長、作個傳福音的勇士？牧養只為擴張宗教信仰境界、吸納更多信徒、完成大使命？對青少年服務單位而言，服侍青少年的目標，單單只為解決他們的個人「問題」、為社會解決一個「問題」？青少年是被服侍的「問題」對象？

《聖經》蘊藏了很多牧養、服侍的理念，例如耶穌親自牧養十二位使徒，並非只求培育接班人來傳福音，而是希望各人活出其召命、活出信仰。彼得就在耶穌的引領下，面對自己的掙扎，重整人生方向，最終能成為一個領袖，活出其生命力。

青少年處於成長期，正是尋找自己的獨特性、人生意義與生存目的之時，若教會的牧養事工、青少年服務單位的工作能協助青少年面對自己的掙扎、整理出自己的「生命圖畫」——清楚找着人生的意義和目標，那麼他們就可在複雜多變的世代中站穩陣腳。

故此，我們邀請蔡醫生把他對牧養青少年的信念和經驗整理下來，又以《聖經》人物的成長故事、實踐召命的經歷作為參照和起點，盼望從他們的成長掙扎和成長需要，引發我們再思考：今天的青少年在成長中需要些什麼？他們活出自己的「生命圖畫」時需要什麼？我們牧養和服侍青少年的方向又該怎樣？

誠然，以上問題並非只由教會、青少年服務單位回答，家長、教師，以及在不同崗位培育青少年成長的人士同樣需要回答。我們盼望出版這本書後，可引發不同界別的「青少年工作者」繼續分享、切磋和尋找答案。

自序

一個都不能少！

這篇自序寫在書稿完成之後，內心充滿喜悅、感恩和感激之情。

倘若將寫書比作生產過程，這次是順產的，且是出乎意料的順暢，一口氣將青少年成長故事和青少年工作理念和盤托出。面對這個「新生兒」，我充滿喜悅、還有說不出的親切感。

親切，因為《一個都不能少——再思青少年的成長與牧養》好像一本自白書：

- ◇ **是個人成長的自白——再思考青少年成長這個課題時，自己的成長片段一幕幕重現腦海，我也在適當的地方把這些片段節錄下來。**

◇ **是對青少年真情的自白──書中展現的青少年成長故事，都是發生在一些與我近距離同行過，曾經深深觸動過我的生命。我為這些美麗的生命充滿感激之情，因為他們不斷燃點我心中的火。**

◇ **是青少年工作信念的自白──我的信念建基在《聖經》的真理之上。在本書提出的青少年工作理念中，也包含了心理輔導的理論，以及多年來累積的實踐經驗。**

我相信，青少年在成長歷程中既要真情，也要真理的孕育。他們要認識自己的潛能，更要肯定自己的身分；他們不能逃避面對自己的創傷和幽暗，不單要尋求醫治，更要尋找並活出召命；青少年要得到全人的培育，更要學習參與和承擔──在廿一世紀、全球的城市、國家、文化與文明都需要重建的年代中，有所貢獻。在成長的路上，青少年既要學習獨處，也要進入羣體；要盡心竭力，並要學習與上一代結連，更不容忽視與神結連，才能勝過人生路上諸般的試探，展翅上騰。

《聖經》詳盡記載了耶穌當年如何進行培育及輔導工作，主耶穌是青少年工作者的至高典範。在我從事青少年工作的三十一年歷程中，是他賜我方向與力量，叫我充滿感謝之恩！

多謝「突破」眾同工多年同行、鼓勵、支持和包容，並將這些分享編輯成書。我願意聽到青少年工作者、老師、父母的迴響，更樂意聆聽青少年的心聲，是你們讓我的生命繼續成長。我將這本書獻給你們，當中有一句重要的話分享：一個都不能少！

家長是培育下一代的最重要人物，即使孩子好像表現得「不肖」或「反叛」，絕不能放棄以愛心培育子女，他們仍是尊貴的明天領袖！

老師為培育新一代而鞠躬盡瘁，更是要堅持「一個都不能少」——包括那些成績欠佳的、品行頑劣的。他們都有更新、成才的一天！

青少年工作是一項尊貴的召命，我們更要四出尋找那些似乎失去方向的青少年——可能因經歷過挫折、充滿恐懼、迷失身分、受盡創傷、沉溺上癮、被動無力、自我放逐的青少年。總之一個都不能少！因為我深深相信，每個青少年都是按神的形象被造的，當他們嘗過得釋放、得醫治、得自由的滋味後，就會活出自己的召命。

我盼望這本書可以提供一些個人反思、小組討論的材料，讓我們在交流中可以更「有信、有望、有愛」地陪伴青少年成長。

我十分感激「突破」的編輯同工對我的信任，鼓勵我執筆寫這本書；特別是本書責編 Angela 給我的回饋，刺激我反復思量，一再修訂。

我要對一位才十八歲的少年人表達衷心的欣賞：陳濬人是我好友的兒子，他用少年的眼光、充滿藝術的攝影技巧，為我們捕捉香港青少年的面貌和成長的真實場景，使這本書增添了現場感及青春氣息。

這本書為我提供一個再思青少年工作的機會，我把自己的反思點滴及理念架構整理下來。但願這本書是自白，卻不是獨白。我期望聽到你的回饋，並分享你培育青少年的心得。

為新一代的青少年誠意祝福！

蔡元雲

前言

前線經驗與信念

當我仍是青少年時，從沒想過自己會成為一個全職的青少年工作者，而且竟然在這條路上持續走了三十一年。

常有人問我，是什麼促使我離開醫生的崗位，投身青少年工作？是什麼力量令我一直堅持下去？

這與我的成長經歷有關，讓我簡單勾勒幾個重要的片段：

十歲那年，我完成小學五年級，就在放假前兩天觸犯校規，把班主任借給我們閱讀的幾本圖書偷藏家中。班主任後來查出真相，記過懲罰。她對我說：「我相信你日後不會再犯同樣過錯了！」她並沒有向全校公布我的罪行，給我一個改過的機會。我沒有忘掉她當年「不殺之恩」，日後還有機會親自向她表達感激之情。

中七那年，港大醫學院沒有取錄我，情緒低落。母親察覺我心志未圓，向父親請求，供我出國念大學。我父親是個海員，收入低微，竟願意把積蓄拿來供我到加拿大讀書。往後，我靠暑期工作的薪金及一些獎學金完成醫學訓練。父母以愛心及行動支持我，讓我得到第二次機會，叫我畢生難忘。

我在加拿大溫尼伯城度過七年大學生涯，遇上一羣熱愛青少年、熱愛生命的基督徒。他們的生活結合信仰，除了用心讀書外，還出版刊物，在校園和社區內進行很多青少年培育工作。我在他們身上學習什麼是羣體、什麼是夢想、什麼是青少年工作。今天，與我同行的終身伴侶、多位青少年工作伙伴和生命同行者，都是在那段日子結識的。那七年可算是我成長階段的黃金時期。

大學畢業後回港，我先在醫院全職工作，繼而與一羣志同道合的尋夢者開始了「突破」出版、輔導、影音的工作。年輕的我不知天高地厚，是闖路也是創路；遇到一些重要的生命師傅，給我支援、鼓勵、指導，其中一位當然是「突破」創辦人之一蘇恩佩。我學習的不單是雜誌出版、輔導、影音、市場、營會、管理等技巧，更親身經歷什麼是生命影響生命。五年後，我才毅然離開醫療工作，往美國進修，裝備自己投身青少年工作。

我無意在這裏詳述自己的成長歷史，卻在回顧中，察覺自己潛藏了幾個與青少年工作相關的信念：

◇ 要相信青少年，即使他們失敗、犯錯，也應再給他們機會。

◇ 裝備青少年，不單是培育知識與技術，更重要的是培育生命素質。

◇ 要鼓勵青少年尋夢，聆聽他們的心底夢，並與他們同行，將夢想化作行動。

◇ 每一個青少年是獨特的個體，各有不同的成長歷程，各有不同的召命，但每一個同樣需要在愛的羣體中生活，在愛中成長，最好有一些生命師傅陪伴同行。

◇ 青少年成長的文化土壤十分重要，不能忽視家庭、學校、同輩及傳媒製造的文化土壤——青少年工作包括了文化工作。

◇ 每個青少年都有創傷與幽暗的一面，但每一個都可以成為未來領袖，為城市、國家、地球村作出貢獻——一個都不能少！

這次是「突破」的編輯同工鼓勵我執筆寫一本書，分享我對青少年成長及培育的理念和經驗。商討以後，我決定用《聖經》故事貫串全書的概念。《聖經》不單是歷年來全球最暢銷的書，更被中國學者選為六十本必讀書榜的榜首。這本經書埋藏了很多青少年成長的故事，也盛載着很多與青少年培育有關的理念。我又選取了一些真人真事，穿插在每章之中；當中有些是親身觀察和體驗，也有一小部分是他人向我轉述的故事，為這本書的理念配以一個現代的場景。最後，我還按每章的內容，向讀者推介一些有助青少年工作的好書。

我無意，也無力寫一本有系統的青少年培育工作學術著作，只是以一個前線工作者的身分，分享一點信念和實踐的經驗。

當年，蘇恩佩也曾回顧自己走過的路；她說：沒有遺憾，只有祝福！今天，我寫下一些青少年成長與培育的信念和經驗；心中說：盡是恩典，只有感恩！

第 1 章
自覺**不太快樂**的青少年

有人說，這一代的青少年是「迷失的一代」，我說是「尋找的一代」。

尋找的一代

二次世界大戰後的一代，在頹垣敗瓦、普遍貧困的環境中，反而顯得充滿鬥志，目標簡單明確：一切從零開始——重建家園、重建城市、自我增值。因為什麼都沒有了，更自覺一切都要努力爭取回來。

現今的香港青少年，生於二十世紀末，身處的社會較戰後時期富裕得多：人均收入躋身世界前端，香港也自稱是亞洲的國際都會；昔日全港只有一座大會堂、一個泳池、一所大學，今天每區有自己的會堂、青年中心；每區有公眾泳池外，很多私人屋苑也設置泳池；八間大學連同其他大專學院、專業教育學院等，可以讓超過 50% 的青少年在中學畢業後有進修的機會。

新一代置身廿一世紀，資訊科技及生物工程科技激發起巨變；教育急速改革、提倡多元智能及多元文化促使了多元

的選擇；香港九七回歸催生了身分的再思及管治上的混亂；「九一一」暴露了文明衝突的全球危機；SARS與禽流感、地震和海嘯都訴說環境及生態正鋭變，為社會造成不能預測的震盪。至於中國人在雅典奧運會、美國籃壇、太空科技、複製動物、奧斯卡金像獎等領域中的突破，令全球刮目相看，也叫強國感受到威脅：明天是「龍的世紀」，抑或是「恐」龍的世紀（fear of the dragon）？

與其說青少年迷失，倒不如說成年人迷失：我們這城市如何重新定位？政制、經濟、教育如何改革？我們的世界該往哪裏去？在反恐怖主義、救災以外，還有什麼共同議題？

身為青少年工作者，我不能忘記他們的生活處境因劇變而帶來的挑戰。更重要的是，他們並不感覺自己缺乏什麼，或需要向成人求助；即或設立學校社工、輔導中心、求助熱線，使用這些服務的只是少數，主動到教會向牧師尋求心靈支援的更是絕無僅有。事實上，很多父母也不知道子女在尋找什麼、真正的需要是什麼？

啟發你的人在哪裏？

投身青少年工作，我也曾接受一些專業的訓練：心理學、社會學、輔導技巧、傳媒教育、神學等。我常覺得自己是半途出家——大學初期主修動物學，後期接受醫學訓練——並不足以造就我成為一個全職的青少年工作者。從事青少年工作三十一年後，我才察覺最重要的老師是青少年。每天與他們相處，甚至同一屋簷下，他們的成長故事給我很大的啟發。我又從我的同工身上、從青少年的父母和老師建立伙伴關係的過程中，汲取了不少寶貴知識和體驗。

《聖經》是我服侍青少年過程中，最重要的靈感源頭：我發現耶穌也是一個青少年工作者，對兒童流露了真摯的關懷。《聖經》蘊藏了不少為人處事的智慧，更記載了很多青少年成長的感人故事，並且細緻地描繪他們內心的掙扎、個人的奮鬥歷程，以及如何從人、從神得到實際的幫助。

這一章，我從耶穌親口講述的三個故事作起點。這三個故事是一氣呵成、彼此關聯的，只是末段的一個較受世人所愛，成為歷代以來最受歡迎的短篇故事之一，相信你也聽過

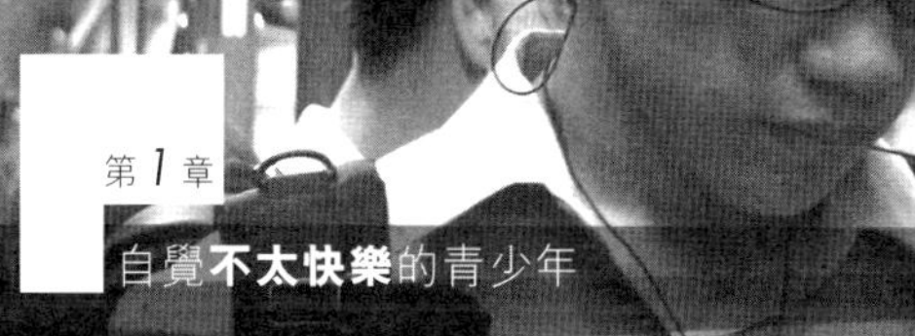

「浪子回頭」這個感人的小故事。

這三個故事對我既有刺激，也有啟發作用。身為青少年工作者必須問：

◇ **今天的青少年在哪裏？**

◇ **他們在尋找什麼？**

◇ **他們真正的需要是什麼？**

原來耶穌講這幾個故事，是回應當代一些猶太宗教領袖的質詢：為何你身為教師，常與一些三教九流的人為伍？常在一些有修養的人不會去的場所出現？連貼身的學生中，也有好幾個「邊緣青年」——學歷及文化水平低落的、替羅馬政府收稅的、隸屬革命組織的。

今天的青少年在哪裏？

耶穌就用比喻，說，你們中間誰有一百隻羊，失去一隻，不把這九十九隻撇在曠野，去找那失去的羊直到找着呢？找着了，就歡歡喜喜的扛在肩上，回到家裏，就請朋友鄰舍來，對他們說，我失去的羊已經找着了，你們和我一同

歡喜吧。我告訴你們，一個罪人悔改，在天上也要這樣為他歡喜，較比為九十九個不用悔改的義人，歡喜更大。 *(〈路加福音〉15章3至7節)*

我是個在城市長大的孩子，對牧羊一竅不通。我曾經到紐西蘭一個牧場裏小住，嘗試了解一下牧羊是什麼的一回事。原來羊是很有人性的動物，牠們見到我這個陌生的中國人，都遠遠避開。

牧場的每隻羊都有名字，不過我呼喚牠們，牠們都沒有反應，而牧場的少主出現時，牠們即跑往他那裏，與他十分親密。原來牧羊的人與屬於他的羊有一種雙向的關係——他們互相認識，彼此相愛；這份互動的關係是需要時間去培養的。

羊是羣居的，離開羊棚到山上吃草時，總有牧羊人在前領路，又有牧羊犬從旁把那些離羣的羊趕回正路。後來我發現，羊羣中一些較年長的羊，也有帶路的本領，又有幾隻較壯健的在後面壓陣，好像在保護那些較幼小的羊，原來牠們也曉得彼此牧養。可惜我沒有親眼看見牧羊人翻山越嶺去尋

找迷路的羊，只能想像牧羊人焦急之情，以及呼喊迷羊的聲音；他一定在想：一隻都不能少！

耶穌講這故事暗喻他就是牧羊人，他到處出沒，甚至到一些被視為不雅的地方，正是為了尋找那些「迷路的羊」。青少年工作者也要有牧羊人那份情，願意四出尋找那些在成長路上需要保護、支援、同行的青少年。

與青少年交往、建立關係是一條雙程路，不能單坐在青年中心或教堂內等待他們尋找援助，也要到他們生活及閒暇活動的地方，尋找他們。

那麼，今天的香港青少年在哪裏？

香港的居住空間較狹窄，青少年不願意常困在四壁之內，父母要珍惜子女在家中的時間，建立溝通的橋樑，穩固關係。

學校是上課的地方，老師和駐校社工當然有機會接觸學生，但課後可以留在校園的時間也不長。香港各區都有球場、

泳池等康體設施，電影院、足球場亦曾是青少年結伴同往的活動場所，然而今天他們寧可花幾百元去聽一場流行曲演唱會，或到卡啦OK自娛一番。現代的龐大商場似乎對青少年更具吸引力，青少年的消費能力比想像中強。

每個青少年都可以在學校或家中瀏覽網上的虛擬空間，互聯網成為凝聚青少年交流、娛樂、購物、尋找資訊的最重要平台：女的喜歡互動傾談，男的沉醉於網上遊戲，與全球對手一決高下。「網吧」提供了一個新的場所，讓青少年個別或聯羣共闖這個既虛幻又真實的數碼世界。

香港早已出現一些「夜青」，每晚十一時過後才出動，到各區的「蒲點」尋找他們的朋友，一起hip-hop、打band、唱K、玩滑板、跳舞、聊天、抽煙……也有些間或「啪丸」(濫藥）。

我曾與一些青年工作者前往一個中型的「狂野派對」，那兒由舊房子改裝為舞場，燈光暗淡，色彩迷幻的在閃動，唱片騎師站在大廳中央的一張桌子在「擦碟」，只聽到極低

沉的聲浪很有節奏的、重複的衝擊我耳朵。場內有百多名青少年，其中一羣人緩緩站起來，走往那個站在中央的唱片騎師處，各自扭動身體，搖擺頭顱。他們好像完全不在乎身旁有什麼人，只管迷糊地進入自己的世界裏。那名唱片騎師又好像祭司，擦動的音浪牽引着每個站在「祭壇」前的少年人。他可能察覺那個晚上多了幾位不明來歷的中年人，但他看來並不在乎。

大型的「狂野派對」不再常見，小型的派對持續進行。

香港每區都有晚間才出動的外展社工，駕着他們的流動服務車，帶同音響及活動設備，四出與青少年接觸。幾年前，一位神父與社工及義工，單在觀塘區已經凝聚了萬多名青少年，成為他們設立的「蒲吧」會員。「蒲吧」(現已遷往西灣河)內開設的「蒲點」由青少年自己設計：有band房、有hip-hop場、籃球場、簡單的康樂設施；青少年自己在牆上寫了「無煙、無酒、無粗口」幾個大字。

他們在尋找什麼？

或是一個婦人，有十塊錢，若失落一塊，豈不點上燈，打掃屋子，細細的找，直到找着麼。找着了，就請朋友鄰舍來，對他們説，我失落的那塊錢已經找着了，你們和我一同歡喜吧。我告訴你們，一個罪人悔改，在神的使者面前，也是這樣為他歡喜。 *（〈路加福音〉15章8至10節）*

三個故事中，這個最為沉悶、最少人知道。我在這簡單的故事看見一些象徵的意義：十塊錢代表了每個人內在的尊貴價值，失落一塊也會不安，總是想盡辦法去尋索。結果在自己的屋子裏（自己的生命深處）找到了，那一盞燈（人生路上需要指引）成為她的幫助。

這盞燈也象徵了神的靈，為人提供了尋找人生路向的光。

我在少年時期，從不覺得自己有什麼值得自豪的，也不覺得自己缺少了什麼。父母從沒有給我壓力，要求不高；我對自己也沒有苛求，讀書但求不過不失，並不用功，也不會跟別人比較。接近中學畢業，才開始問：我將來想念大學嗎？

我適合做哪一種職業？為什麼有些同學交女朋友，自己卻沒有？直至去了加拿大，才曉得問些較高層次的問題：我是中國人嗎？我真的想念醫科嗎？我真是讀書的材料嗎？讀書又為了什麼？我身邊的同學在尋找些什麼？我尊敬的幾位教授似乎很有成就，他們活着的動力是什麼？

在我接觸的青少年中，他們不一定知道自己在尋找什麼——是男朋友、女朋友？是心中的快感、成功感？是一個夢想、一份理想職業？青少年很少會自覺地尋覓一些高層次的目標和意義，較多的只是在尋找最新款的球鞋、手機，反而是他們的父母更焦急地為子女在尋覓——名校、補習班、未來的出路⋯⋯。

香港的青少年在尋找什麼？我不敢回答，只是多項研究告訴我，他們與其他城市的青少年比較，好像自覺不太快樂，自我形象也不高。雖然香港被稱為「動感之都」，到處都是購物與娛樂的場所，可是從研究資料顯示，成年人和老年人當中，不少都有焦慮與抑鬱的徵兆，很多人都為明天擔憂。

《聖經》故事中，沒有交代那個婦人尋找「失落的錢」代表什麼，答案卻藏在第三個故事裏。

他們真正的需要是什麼？

耶穌又說：一個人有兩個兒子。小兒子對父親說：「父親，請你把我應得的家業分給我。」他父親就把產業分給他們。過了不多幾日，小兒子就把他一切所有的都收拾起來，往遠方去了，在那裏任意放蕩，浪費資財。既耗盡了一切所有的，又遇着那地方大遭饑荒，就窮苦起來。於是去投靠那地方的一個人，那人打發他到田裏去放豬。他恨不得拿豬所吃的豆莢充飢，也沒有人給他。他醒悟過來，就說：「我父親有多少的雇工，口糧有餘，我倒在這裏餓死麼。我要起來，到我父親那裏去，向他說：父親，我得罪了天，又得罪了你。從今以後，我不配稱為你的兒子，把我當作一個雇工吧。」於是起來，往他父親那裏去。

相離還遠，他父親看見，就動了慈心，跑去抱着他的頸項，連連與他親嘴。兒子說：「父親，我得罪了天，又得罪了你，從今以後，我不配稱為你的兒子。」父親卻吩咐僕人

> 說：「把那上好的袍子快拿出來給他穿，把戒指戴在他指頭上，把鞋穿在他腳上，把那肥牛犢牽來宰了，我們可以吃喝快樂。因為我這個兒子，是死而復活，失而又得的。」他們就快樂起來。那時，大兒子正在田裏。他回來離家不遠，聽見作樂跳舞的聲音，便叫過一個僕人來，問是什麼事。僕人說：「你兄弟來了。你父親，因為得他無災無病的回來，把肥牛犢宰了。」大兒子卻生氣，不肯進去，他父親就出來勸他。他對父親說：「我服事你這多年，從來沒有違背過你的命，你並沒有給我一隻山羊羔，叫我和朋友，一同快樂。但你這個兒子，和娼妓吞盡了你的產業，他一來了，你倒為他宰了肥牛犢。」父親對他說：「兒阿，你常和我同在，我一切所有的，都是你的。只是你這個兄弟，是死而復活，失而又得的，所以我們理當歡喜快樂。」*(〈路加福音〉15章11至32節)*

這個家傳戶曉的「浪子回頭」故事，讓我更深領會一個現象的背後因由：一個青少年認為自己想要得到的（wants），不一定是他內裏真正的需要（needs）。

故事中的小兒子，起初以為要的是父親的家產、離家的自由生活、任意放蕩的興奮、隨意揮霍的消遣……到他「醒悟過來」之後，也以為回家不過是為了找一份工作，解決三餐一宿。你可曾想過：這個浪子回家，他真正需要的是他父親！

我曾經寫過《從未遇上的父親》這本書，是一位心靈導師盧雲教授（Henri Nouwen）提醒我，這是個「沒有父親的一代」！

青年期的我曾經到處尋找師傅和導師，其中一位我尊敬的長者靜靜的告訴我太太：元雲似乎在尋找父親！當我父親強烈反對我棄醫從事青少年工作時，才猛然察覺自己何等介意他給我的認同和支持。即使自己心中認定從事青少年工作，太太又支持我，同事亦鼓勵我，但我的眼淚告訴我：我需要父親的肯定。

接納他們的人在哪兒？

故事中，小兒子回家了，原來他父親早已在門口等待，是他父親跑前去迎接他，還與他這個散盡家產、離家出走、從豬欄回來、全身襤褸、滿身臭味的忤逆子「連連親嘴」！

父親能夠給兒子什麼？就是：

◇「抱着頸項、連連親嘴」——代表無條件的愛！

◇「上好袍子」——顯明你仍是尊貴的！

◇「把戒指戴在他指頭上」——重申你是我的兒子！

◇「把鞋穿在他腳上」——表達你仍舊需要保護！

◇「把肥牛犢牽來宰了，我們可以吃喝快樂」——展示失而復得的生命是值得慶祝的！

我不會忘記，「突破」同工和我在一個懲教中心演出「浪子回頭」改編的話劇。那次是我的同工，想在端午節向百多名被關在懲教所的少男表達關心。除了唱歌和派禮物外，同工編寫了一個現代版的話劇「浪子回頭」，我有幸被邀扮演父親這個角色。

真正的高潮出現於加插的一段真實故事，由我認識的一位青年朋友講述自己的故事。當劇中的浪子散盡金錢，走投無路，想自尋短見那刻，這位青年一拐一拐的移動義肢出場，攔阻劇中的浪子，並訴說自己的故事：「青年人，你不要做傻事。我當年也曾因失戀而抑鬱，又不肯服藥，有一次與父親大吵一頓後，憤怒與抑鬱交集下，跳車軌自殺……」

我怎能忘記多次走往醫院深切治療病房探望他的情景：他企圖自殺獲救，頭骨破裂，陷入昏迷；右手折斷要接駁，左膝以下要切除；醫生表示情況危殆，並不樂觀。他父親十分自責，全家極度哀傷，他連續幾天都毫無反應。有次在探望期間，我貼近他身邊為他禱告時，竟看見他緊閉的眼球在移動，他真的從死亡邊緣走回來。往後，他家人都全力支持他，他父親日以繼夜陪伴左右；在崎嶇的康復路上，他決意再站起來：再學習寫字，學習用義肢走路，再尋找職業治療、精神復康服務，再重投社會，自力更生。禱告加添了他心中的力量！

那天在懲教中心，是他第一次完整地、公開地親述自己

的故事。他以堅定的聲調在勸導劇中的浪子。全場的青年人凝神靜聽，鴉雀無聲。我在旁邊看着聽着，心中震盪：一個人的尊貴不在乎是否四肢健全，不在乎收入多少、職位多高。那天，我明白什麼是生命的尊貴，什麼是生命影響生命！

劇中的浪子不自殺了，決定回家。我以浪子父親的身分出場，緊緊擁抱這名回家的兒子，真情由心中湧流。同工告訴我，在那一刻，看台上有好幾個男孩子在哭！我想，可能他們當中，不少人從未被自己的父親擁抱過！不是嗎？我也曾經不自覺地尋找父親！

《聖經》故事中的父親，亦比喻為天上的父親；我在成長的歷程中發現，地上的父親給我的肯定彌足珍貴；我更為認識了天上的父親感到慶幸！

這一代的青少年，他們在尋找什麼？他們真正的需要是什麼？

我也曾以專業輔導員的身分，在佈置優雅的輔導中心守候，等待青少年上門求助。不少青少年確實有這種自覺性、主動性，願意尋求專業輔導。但我察覺更多真正有深層需要的，或是不自覺要扶持的青少年，在外面遊蕩、徘徊、尋找。我真的有牧羊人心腸嗎？我真的相信：一個都不能少嗎？

從事青少年工作日子長了，身體和氣力衰退了，不再在球場與青少年追逐；然而我發現，他們並非缺乏球場的對手，而是需要一個「父親」——願意聆聽、接納、肯定他們的人：亦父、亦師、亦友。「浪子回頭」的故事讓我進一步領悟如何為父：需要一顆忍耐、等候的心！

我從另一個角度明白我所信的三位一體真神：聖子耶穌就像那個尋找迷羊的牧羊人，他降世為人，親身與人建立接觸點；聖靈就像那盞明燈，為尋找生命的人提供指引；聖父就像那位慈愛的父親，耐心地等待他的兒子回家。在我的成長路上，我也親身經歷三一神如何建立我的生命。

身為青少年工作者，我仍覺得主動向我求助的青少年給我較大的安全感。對於半夜才到球場遊蕩、到「網吧」或卡啦 OK 流連的；還有那些離家出走的、寧可濫藥也不願上學或上班的青少年，我總覺得自己的回應失措。我十分尊敬那些為了尋找他們而半夜出動的外展社工，我深知自己要學習的，仍然很多！

小組討論

1 從你的觀察，或從其他的報道中，你知道今天的青少年多在什麼地方出現嗎？你明白他們的生活方式和意識形態嗎？怎樣才能夠接觸這些青少年，與他們真正溝通、建立關係？

2 你遇過一些用心尋找生命方向、生命意義的青少年嗎？他們需要「一盞燈」，你會如何輔助他們繼續尋索？

3 你同意這是「沒有父親的一代」嗎？沒有人可以選擇自己的父親，要改變青少年的父親也十分困難，如何回應這種發自內心的「父親渴求」（父親渴求是 Sam Osherson 在其著作 *Finding Our Fathers: How a man's life is shaped by his relationship with his father* 中提出的概念。）？

閱讀推介

盧雲著（1997），《浪子回頭：一個歸家的故事》。
台北：校園出版社。
Nouwen, Henri (1992). The Return of the Prodigal Son. USA: Doubleday.

盧雲教授這本書引發我再思考「浪子回頭」的故事，我也察覺自己曾經走過「浪子」的路；更明白今天青少年與父親之間的關係，如何影響他們的成長。今天我已身為人父，在青少年工作這個領域中，也經常擔當「父親」的角色，這本書給我不少啟發。

滅火喉
Fire Hose Reel
滅火喉
Fire Hose Reel

第2章 尋索**身分**的青少年

「我是誰？」是每個人在成長過程中，必須面對的最重要問題之一。一個人要認識自己的身分，接納並且活出真我。人最大的痛苦是不認識、不接納自己；與自己過不去的人，結果是扭曲自己。

在香港成長的青少年，似乎很少正面提出這個問題，最受關注的課題總是「我將來做什麼？」、「我將會擁有什麼？」

「是什麼」（being）比「做什麼」（doing）或是「擁有什麼」（possessing）其實來得更重要！

最重要的成長課題

一個人有多重的身分：有些是與生俱來的——是男是女（性別身分，sexual identity）、是什麼種族（種族身分，ethnic identity）；有些是後天的環境塑造而成的——是什麼國籍（國家身分，national identity）、是什麼文化（文化身分，cultural identity）；有些是隱藏的——與創造者的關係（屬靈身分，spiritual identity）。香港經歷過一百五十年的殖民歷史，課堂內鮮有提及民族身分這個課題；九七回歸後，什麼是中國人、

什麼是愛國也引起激烈的爭辯。傳播媒介及流行偶像將一個本來簡單的性別身分弄得混淆了——什麼是男人？怎樣做女人？兩性如何相處？同性的關係如何定位？後現代對靈性問題十分有興趣，追求屬靈經歷成為一種潮流，「心靈學」（spirituality）成為廿一世紀的熱門課題。

心理學家早已提醒我們，少年時期最重要的成長課題正是「身分危機」（identity crisis）；少年人要從父母的影子中將自己分別出來（differentiation），肯定自己的獨立性（independence）、個體性（individuality）和自主性（autonomy），這是一項艱巨的「生命工程」。

《聖經》中一位猶太裔女子以斯帖的故事，有助我們了解身分的探索與重建。散文家余秋雨在《千年一嘆》中描述自己到達伊朗（古代的波斯）時，也被這位女士的故事吸引。在以斯帖的墓前，余秋雨驚歎：一位猶太女子怎會成為波斯王后，被後世記念。

多重身分之間的矛盾

原來的猶太國在公元前 587 年被巴比倫王國所滅，不少猶太的貴胄被擄到巴比倫，以斯帖的先祖也在俘虜的行列中。巴比倫後來再被瑪代波斯征服。以斯帖是個在異國出生與成長的孤女，由親屬末底改撫養成人，定居波斯。當時的波斯王是亞哈隨魯，國勢強勁，正是宮中奢華宴樂的一段時期（公元前 483-473 年）。

這位奇女子的故事記載在〈以斯帖記〉，成為猶太人歷史中重要的一頁。讓我們從以斯帖的故事，思想青少年身分建立這個課題。

書珊城有一個猶大人，名叫末底改，是便雅憫人基士的曾孫、示每的孫子、睚珥的兒子。從前巴比倫王尼布甲尼撒將猶大王耶哥尼雅（又名約雅斤）和百姓從耶路撒冷擄去，末底改也在其內。末底改撫養他叔叔的女兒哈大沙（後名以斯帖），因為她沒有父母。這女子又容貌俊美；她父母死了，末底改就收她為自己的女兒。

王的諭旨傳出，就招聚許多女子到書珊城，交給掌管女子的希該；以斯帖也送入王宮，交付希該。希該喜悅以斯帖，就恩待她，急忙給她需用的香品和她所當得的分，又派所當得的七個宮女服事她，使她和她的宮女搬入女院上好的房屋。以斯帖未曾將籍貫宗族告訴人，因為末底改囑咐她不可叫人知道。末底改天天在女院前邊行走，要知道以斯帖平安不平安，並後事如何。 *(〈以斯帖記〉2章5至11節)*

猶太人是一個獨特的民族，《舒特拉的名單》(*Schindler's List*) 這一齣電影，描繪了猶太人在二次世界大戰被屠殺的慘痛歷史。原來這段歷史追溯到四千年前的民族曾經在埃及為奴，後來長期被巴比倫、瑪代波斯、希臘、羅馬等帝國統治；有些猶太人成為漂流異地的被擄之民，即使留居本土也是附屬國的二等公民。公元70年，耶路撒冷被羅馬帝國屠城之後，猶太人更在全球各國漂流，成為異國的公民，直到1948年，以色列才正式復國。

相對來說，波斯帝國對猶太人算是仁慈，給予他們一個生存的空間。但末底改和以斯帖也盡可能隱藏他們的猶太民

族身分，避免遭遇不必要的歧視。從文化的角度來看，末底改與以斯帖可算是波斯人；以斯帖取了一個適應波斯文化的名字，而且參加了一項明顯是封建、對女性有貶意的「選美」活動——這是亞哈隨魯王罷免王后之後，招聚國內各省的美女進宮，成為妃嬪，從中挑選新的王后。末底改也肯定是竭力融入波斯文化，尋求生存空間，並且親自督促以斯帖隱藏自己的籍貫和家族身分，盼望在宮中得到波斯宮廷官員的賞識，一朝得到波斯王的寵愛，可以成為新的王后。然而他們沒有埋葬本身的猶太文化，他們是「雙重的文化人」（bi-cultural）。

以斯帖如何處理民族身分與國民身分之間的矛盾，我們不得而知。她一定是樣貌出眾、處理人際關係有其過人才略，才經得起接二連三的考驗，最終當上王后。身為王后當然是身分尊貴，享盡榮華；但以斯帖如何維持女性的尊嚴，是一個值得考究的問題。

在尋找自我身分的過程中，民族的尊嚴與國家的文化和價值、女性的成就與女性的尊嚴，往往存在協調和共融的困難。以斯帖的生活表面風光，內裏肯定充滿掙扎。

協調和共融的困難

末底改知道所作的這一切事，就撕裂衣服，穿麻衣，蒙灰塵，在城中行走，痛哭哀號。到了朝門前停住腳步，因為穿麻衣的不可進朝門。王的諭旨所到的各省各處，猶大人大大悲哀，禁食哭泣哀號，穿麻衣躺在灰中的甚多。……末底改將自己所遇的事，並哈曼為滅絕猶大人應許捐入王庫的銀數，都告訴了他（編按：指的是哈他革，是王派往伺候以斯帖的一個太監）；又將所抄寫傳遍書珊城要滅絕猶大人的旨意交給哈他革，要給以斯帖看，又要給她說明，並囑咐她進去見王，為本族的人在王面前懇切祈求。

哈他革回來，將末底改的話告訴以斯帖。以斯帖就吩咐哈他革去見末底改說：「王的一切臣僕和各省的人民都知道有一個定例：若不蒙召，擅入內院見王的，無論男女必被治死；除非王向他伸出金杖，不得存活。現在我沒有蒙召進去見王已經三十日了。」人就把以斯帖這話告訴末底改。末底改託人回覆以斯帖說：「你莫想在王宮裏強過一切猶大人，得免這禍。此時你若閉口不言，猶大人必從別處得解脫、蒙拯救；你和你父家必至滅亡。焉知你得了王后的位分不是為

現今的機會嗎？」以斯帖就吩咐人回報末底改說：「你當去招聚書珊城所有的猶大人，為我禁食三晝三夜，不吃不喝；我和我的宮女也要這樣禁食。然後我違例進去見王，我若死就死吧！」於是，末底改照以斯帖一切所吩咐的去行。 *（〈以斯帖記〉4章1至3節、7至17節）*

以斯帖看似一個柔弱的孤女，對撫養她的末底改既尊敬又順服；聽見末底改向她訴說猶太人面臨的滅族危機，也表現得相當怯懦。朝廷內的重臣哈曼因為亞甲族與猶太族之間的歷史冤仇，再加上末底改對他不敬，竟然借機向王上取得詔令，定下日期將全國的猶太人殺戮滅絕。以斯帖貴為王后，有機會向王上求情，挽救全國的猶太人。

人是萬物之靈，卻往往忽略了自己內在的心靈力量，亦很少思想自己的屬靈身分。在安逸的生活中，以斯帖的表現也就是規規矩矩地度日；然而危難當前，末底改「撕裂衣服、披麻蒙灰」，以斯帖不單與宮女禁食，亦請書珊城內的猶太人禁食三晝夜，從猶太人傳統的屬靈操練中，支取力量。於是，柔弱的以斯帖可以迸發出驚人的心靈力量——「我違例

進去見王，我若死就死吧。」

儘管以斯帖的生命帶着諸般的瑕疵，到了今天她仍然得到猶太人的懷念和尊崇；她的生命並非因為她的王后身分而顯赫，乃是因為她在歷史性時刻勇於承擔、置自己生死於度外，尋找到自己生命的定位與意義，完成了她的召命。

國籍解決不了的問題

我對以斯帖的故事有一定的共鳴感，因為我曾經在加拿大念書，為了方便他人稱呼，也改了一個英文名字。而且，我有一位房東是烏克蘭人，另一位是德國人；老師和同學中有不少猶太人；給我剪髮的有希臘人，也有意大利人；唐人街住了幾代不同背景的華僑……我是在加拿大這個多文化、多種族匯聚的國家，才思想種族身分問題。最令我震撼的是在一個大學生的夏令營中，兩位洋人講者都操着流利的普通話，向我們講述中國歷史，叫我慚愧不堪，也激發我操練普通話、惡補中國歷史的決心。

我難忘當年正好是中國女排第一次奪得世界冠軍，心中

莫名興奮。再看熒光幕上五星旗緩緩升起、播出中國國歌，卻感到十分陌生、心中茫然，並沒有認同的感覺。

我出生於昆明，母親是昆明人，父親是寧波人；幼年曾在上海定居兩年多，便移居香港，小學和中學都在香港接受教育。我的中學是一所官立學校，每星期學校早會都奏起英國國歌，我看着禮堂的英女皇像，毫無感覺，十分遙遠。

因為我沒有申請轉為英籍，所以到外地念書、旅遊，都是拿着一本〈香港身分證旅遊證件〉。想不到九七問題出現後，有次進美國境，依舊在國籍欄上填上香港，那位海關官員拿起筆在上面畫了一個交叉。我為之愕然，還未開口追問原因，他已對我昂首揚聲說，「Don't you know Hong Kong is not a country！」（你不知道香港不是一個國家嗎！）。他再在那個欄上寫上 Stateless（無國籍）。我無言以對，內心既尷尬又憤怒，卻不敢言，因為我知道他是對的！

我不喜歡「無國籍」這種身分，卻又不甘於申請英國護照，因我不認為自己是英國人。終於到了 1997 年 7 月，我立

即申請了一本〈中華人民共和國特別行政區香港護照〉，心中暗想，我終於有國籍了。拿着新的護照出門，我滿有信心在入境表格國籍那欄填上中國，誰知美國入境處的一位官員，拿起筆在上面加上「香港」。對！我是香港的中國人，抑或是中國的香港人？

新一代的香港青少年，不必為國籍煩惱，每一個都可以拿到一本護照：可能是〈中華人民共和國特別行政區香港護照〉，或是〈英國國民（海外）護照〉(B.N.O.)，或是跟從父母的國籍取得美國、加拿大、澳洲、紐西蘭、多明尼加、東加王國等護照。雖然護照解決了「國籍」問題，卻不一定解決國家身分問題，更不能解決民族身分的問題。

民族身分模糊不清

香港現在大力推行公民教育和國民教育，這不是上課、唱國歌、「清潔香港」、熟讀《基本法》那麼簡單。最難培育的是那份情——對香港城市和香港人的情；對中國大地山河、中華文化、中國人的情。最不易處理的是認同的問題——與民族和國家的經濟、體育、太空科技等成就認同不難；與

民族和國家的苦難、貧窮、過錯認同談何容易。沒有情，未能認同，哪又何來身分？

大部分國家的孩子，生下來已經知道自己的民族與國家身分，他們不一定引以為榮，但總是知道，並且有一定程度的認同。香港出生的孩子，連這個似乎必然的問題也要花功夫探索和追尋。

在海外出生的華裔青少年也有身分危機。有一年暑假，我接待一位好友的兒子在家中暫居幾個月。他是加拿大土生土長的青年人，接受百分百的加拿大教育，思想肯定充滿加拿大文化。他父母都是香港移居加拿大的華人，在家中堅持說廣東話，並且帶他們參加當地一間華人教會的聚會，因此仍保存了某程度的香港文化及華人文化，且又添上基督教文化。

這位年輕人到香港短期居住，並且找到一份暑期見習工作，想不到有些意外收穫。我問他在暑假中有哪些印象深刻的經歷，他的答案叫我驚奇：龜苓膏和李連杰主演的「黃飛

鴻」系列。他回到加拿大之後，大力宣揚這兩項「中華文化」，還引起了一些當地土生華裔青年人的興趣。

新一代的華人青少年，國籍可能清楚，文化可能是多元，但民族身分卻是模糊不清的。

在香港，還有另一羣青少年經歷身分上的考驗，就是那些從中國內地移居香港的青少年。他們在學校可能曾經遭受被排斥的不安：因為口音不同、生活習慣不同、思想模式不同。他們可能很快便拿到一張香港身分證，但身分上一定自覺與香港土生土長的一代有差異——哪怕大家同是中國人、同是香港人。

新一代的香港青少年肯定會逐漸加強對國家身分的認同，加上接受兩文三語的教育、成長於一個向國際開放的大都會，他們將成為匯聚中華文化、香港文化、國際文化的中國香港人。但願我們學會享受這個複雜的多元身分。

後現代的身分危機

我曾經聽過一位印度裔的學者（Dr. Ravi Zacharias）演講，他扼要地描述了後現代（Post-modern）青少年的特點：「這一代是用眼睛去聆聽，憑感情來思考的。」

視覺和感覺都是即時的、主觀的、個人的，不一定是理性的，未必合乎邏輯的，往往是沒有歷史的。「後現代」是這一代不滿上一代的回應，他們發現用理性、科技去建立的「現代」文明，竟是如此脆弱，並沒有帶來人類和諧共處的烏托邦；人心依舊空虛，戰爭還是持續，貧富懸殊變本加厲。

後現代質疑傳統的價值：什麼是家庭？什麼是婚姻？什麼是男？什麼是女？……傳播媒體與資訊科技推波助瀾，東西文化都興起了「性革命」：女性不甘再受壓，要與男性分庭抗禮，女性在社會抬頭，男性也嘗試力保「既得利益」。工作間不再一樣，家庭不再一樣，男女關係不再一樣！

近年坊間湧現有關男女身分與角色的書，探討在廿一世紀如何做男人、如何做女人。我也寫了幾本與男人身分和角

色有關的書；因為我也在問同樣的問題，我也在學習如何做男人，如何為夫、為父、為友。

影響我如何做男人，最重要的人物當然是我父親，然而他那套從祖父承襲的男人之道，已屬於十九世紀的產品，我憑什麼教導青少年在廿一世紀如何做男人呢？

老師和社工都努力在學校推行家庭生活教育和性教育，這是下一代不容忽視的課題，我親眼看着少年人在掙扎。其中一位少女，父母離異後，她兩邊都沒法建立深入關係——父親較粗魯、暴力；母親與男友同居，已不止一個男友了。這位少女對婚姻與家庭沒有好感、沒有信心，卻很早便交男朋友，換了一個又一個——很快親密、很快結束。我不斷的問：有誰伴她走成長的路，將來她如何為妻、為母？如何在家庭或社會中做人、做女人？

熱衷於心靈經驗

令我驚訝的是，後現代的青少年對心靈的探索充滿好奇。美國人編撰的《心靈雞湯》（*Chicken Soup for the Soul*）竟

然在中國內地、台灣、香港等地引起熱潮；電影也喜歡以「鬼」、「靈」為主體；少年人都熱衷星座，相信運程。廿一世紀其中一個大趨勢是宗教熱潮：基督教、天主教、回教的信徒人數上升，民間宗教復甦，新紀元運動（New Age Movement）蓬勃，西方人嚮往東方神祕宗教經歷……。「現代」的理性主義、唯物主義沒有將宗教埋葬，人類對心靈經驗的追求比以前更加澎湃。

屬靈身分是一個隱藏的、缺少學術研究的領域。青少年在成長過程中，卻一定遇上這個課題。

我是在中學畢業後才開始探索這個問題，慶幸自己遇上一些認真的同路人，嚴謹探討信仰、心靈的問題，也用心鑽研過。我後來又遇上一些有經驗的心靈導師（spiritual directors），學習安靜、默想、禱告等屬靈操練。《聖經》成為我尋找屬靈身分、學習心靈操練的最重要指引；也讓我在青年工作這個海闊天空的領域內，增添另一度空間。

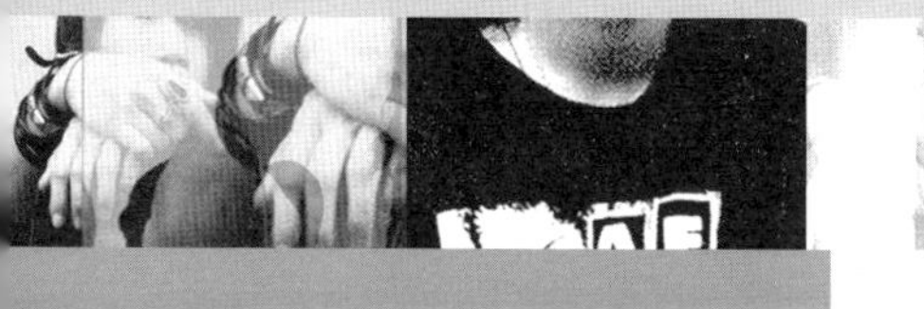

點滴反思

想不到，活在二千五百年前的猶太裔波斯王后以斯帖竟然引發我對自己成長的深思。我對人的民族性(ethnicity)、心性（sexuality）、靈性（spirituality）多番反省沉思；再思考國籍（nationality）的意義。

我要感激一些生命師傅竟然有耐性聽我細訴，在探索這些我覺得陌生的領域時，伴我同行——因為我從中學到大學都是念理科、醫科為主，在課堂內絕少觸及這些課題。現在我覺得自己對身分（identity）這個重要成長課題，有更豐富的理解和經歷。

最近幾年，與「突破」的同工一同主持幾次「國際華人青年領袖訓練營」，與來自本港、國內、海外不同文化背景的華裔青少年一同探討身分這個主題，他們感到課題十分切身，討論得熱烈、分享得深入，對我亦有很多啟發。我要謝謝這些「廿一世紀的青年領袖」！

小組討論

1 你對自己的身分有什麼領會？特別在民族身分、國家身分、心性身分、屬靈身分這幾個範疇，你如何為自己定位？

2 父母對子女的身分影響重大——不是言教而是身教。你發現自己對子女在身分的追尋過程中，有些什麼影響？

3 身為青少年工作者，你一定對青少年的「身分危機」有所觀察。你發現他們有什麼困擾？如何陪伴他們繼續追尋自己的身分？

閱讀推介

「突破」出版的書籍中，不少是與心性身分有關的[1]，在這裏推介另一本有助追尋屬靈身分的好書。

傅士德著（1993），

《屬靈操練禮讚：靈性增長之道》（增修本）。

香港：基督徒學生福音團契。

Foster, Richard (1978). Celebration of Discipline: The path to spiritual growth. USA: Harper & Row.

這是一本由蘇恩佩推介，再請人翻譯為中文的好書。我反復閱讀思考這本書討論的課題，並且親自學習操練，對自己的靈性有理念和經歷上的領會。我是個城市的孩子，對安靜、默想、靜觀、禱告、禁食等操練都相當陌生，最近和同工集體及分小組重溫這本書，仍覺新鮮。

註 1 ：可參考以下書籍

- 蔡元雲著《從未遇上的父親》
- 溫淑芳著《從未遇上的女性》
- 蔡元雲、區祥江著《男人的面具》
- 區祥江 、曾立煌著《男人的哀傷》
- 區祥江著《父親卓越成就——養育子女與自我成長的雙贏指引》
- 區祥江著《丈夫不敗之謎——鞏固婚內情的聖經智慧》
- 區祥江著《男人的命途——從大衛王的抉擇三思自身》
- 徐惠儀著《從女人的故事說起》
- Philpot, Carol L. & Brook, Gary R.《跨越兩性世界的橋樑》

第3章 冷漠疏離的年輕人

你可曾留意，無論是本地或外國的流行曲，很難找到一首是與愛情無關的；賣座的電影也很少離開愛這個主題，即使是戰爭或科幻片也會穿插一些情與愛的橋段。

心理學包羅了數不盡的學派，對人的基本需求有不同的學說和理論，其中幾乎沒有人異議的一個結論是：愛與被愛是每個人最基本及最深層的渴求。

人既渴求愛與被愛，當然盼望縮短與他人之間的距離，建立親密的關係。在現實世界裏，有些人卻為自己建起高高低低的圍牆，保護自己，與他人隔離。在一個本應人人都渴求愛的社會中，人際疏離反而成為普遍的現象；叫人害怕的是，連經常接觸的家人，也可以疏離得像陌路人一樣。

畏懼與疏離的圍牆

《聖經》裏一個小故事，正述說這種現象：人與人之間的界線與圍牆——因為種族、性別、文化傳統、成長背景的差異，人既尋找愛，又逃避去愛。故事發生在二千年前撒瑪利亞的一個小城敍加，是耶穌與一個撒瑪利亞的婦人相遇、

對談的片段。

撒瑪利亞在公元前八世紀曾被鄰國亞述侵佔，引進了不同的文化和宗教信仰，與異族通婚，結果將撒瑪利亞改變為一個「異化」的地域——猶太人不願意踏足之地。本是同根生，猶太人和撒瑪利亞人卻成了不相往來的陌路人。

他就離了猶太，又往加利利去，必須經過撒瑪利亞。於是到了撒瑪利亞的一座城，名叫敍加，靠近雅各給他兒子約瑟的那塊地。在那裏有雅各井。耶穌因走路困乏，就坐在井旁。那時約有午正。有一個撒瑪利亞的婦人來打水。耶穌對她說：「請你給我水喝。」那時門徒進城買食物去了。撒瑪利亞的婦人對他說：「你既是猶太人，怎麼向我一個撒瑪利亞婦人要水喝呢？」原來猶太人和撒瑪利亞人沒有來往。耶穌回答說：「你若知道神的恩賜，和對你說給我水喝的是誰，你必早求他，他也必早給了你活水。」婦人說：「先生沒有打水的器具，井又深，你從哪裏得活水呢？我們的祖宗雅各，將這井留給我們；他自己和兒子並牲畜，也都喝這井裏的水，難道你比他還大麼？」

耶穌回答說：「凡喝這水的，還要再渴。人若喝我所賜的水就永遠不渴。我所賜的水，要在他裏頭成為泉源，直湧到永生。」婦人說：「先生，請把這水賜給我，叫我不渴，也不用來這麼遠打水。」耶穌說：「你去叫你丈夫也到這裏來。」婦人說：「我沒有丈夫。」耶穌說：「你說沒有丈夫，是不錯的。你已經有五個丈夫。你現在有的，並不是你的丈夫。你這話是真的。」婦人說：「先生，我看出你是先知。我們的祖宗在這山上禮拜，你們倒說，應當禮拜的地方是在耶路撒冷。」

耶穌說：「婦人，你當信我，時候將到，你們拜父，也不在這山上，也不在耶路撒冷。你們所拜的，你們不知道；我們所拜的，我們知道，因為救恩是從猶太人出來的。時候將到，如今就是了，那真正拜父的，要用心靈和誠實拜他，因為父要這樣的人拜他。神是個靈，所以拜他的，必須用心靈和誠實拜他。」婦人說：「我知道彌賽亞（就是那稱為基督的）要來。他來了，必將一切的事都告訴我們。」耶穌說：「這和你說話的就是他。」當下門徒回來，就希奇耶穌和一個婦人說話，只是沒有人說，你是要什麼；或說，你為

什麼和他說話。那婦人就留下水罐子，往城裏去，對眾人說：「你們來看，有一個人將我素來所行的一切事，都給我說出來了，莫非這就是基督麼？」眾人就出城往耶穌那裏去。 ***(〈約翰福音〉4章3至30節)***

以青年工作者的眼光看這個故事，觸發了我另外的一些觀察和反思。這個撒瑪利亞婦人選擇在正午烈日當空之時，就是他人都不去打水的時候在井旁出現，一定是逃避接觸其他的婦女。她已經感覺到他人的排斥；有關她五次婚姻失敗的閒言閒語，她肯定略有所聞。奇怪的是，經過五次婚姻破裂，她仍有膽量再闖進另一個沒有法律保障的男女同居關係——她正冒險尋求一段親密的關係。

這個撒瑪利亞婦人既畏縮又勇敢。她對一個陌生的猶太男士當然是有所防範，她豈敢隨意在公開地方攀談，而且話題竟然觸及最敏感的家庭關係——「我沒有丈夫！」是最直接的閉門訊號，表示「請改變話題吧！」。

耶穌從一個自己口渴的真實需求打開話匣子，他一定是

以真情感動了這位既驚訝又畏懼的異族女子，才令對方願意繼續交談。耶穌是一個有慈心、又敏感捕捉他人感覺的人。雖然這位女子給她吃閉門羹，他仍坦率繼續說：「你已經有五個丈夫，你現在有的，並不是你的丈夫，你這話是真的。」出自愛心的真話是感人的，於是這位女子不再迴避，開始傾訴她心底的渴求。

原來她真的在尋找心靈上的滿足，是人與人、人與神那種親密的關係。她終於找到了一個不排斥她、明白她、接納她，並可以深入交談的傾訴對象。她將積壓在心底的疑惑與渴求傾倒出來。這是真我的流露！

最基本及最深層的渴求

愛的溝通不是局限於親暱的肉體接觸。愛是一種深層的心靈交流，是超越言語的，既令人平靜又叫人震盪的。故事中，那位撒瑪利亞婦人真正經歷了什麼是被尊重、被愛。她興奮忘形的跑回城中，向那些她一直畏懼與迴避的人分享經歷——我找到了，是一種被了解、被接納、被愛的經歷；她從被排斥以至關閉的牢籠中，釋放出來！

我確信每個青少年都渴求愛與被愛，從他們愛聽的流行曲、愛看的電影；從他們愈來愈早談戀愛；從他們在網上與人的溝通交流、公眾場所、地鐵車廂內的親暱行動中，可以感覺得到。

我同時發現青少年對親密關係的畏懼與逃避：他們不敢向父母訴說心底夢、不輕易向人傾訴內心的困擾、同學眾多但真正稱得上朋友的卻無幾，能揭露自己內心世界的知己更少，寧可在網上找些素未謀面的人 chit-chat……。

我不會忘記一個十七歲少女的故事（就稱她為小薇吧）。因為厭食症，小薇已不止一次進入醫院接受治療，出院後總是打回原形，體重下降到危險邊緣。她不單討厭進食，更拒絕與人接觸。父母弟妹完全不清楚她的想法和感受，老師只知她身體日益消瘦，只有輔導她的社工及精神科醫生知道她極度抑鬱，厭食及自我封閉是最嚴重的徵狀。

我與小薇接觸時，發現她十分聰穎，數學尤其出色；樣貌娟好，只是從不願意與人交談，説話時聲線微弱，從不與

人四目交投；天熱時也穿上長袖外套，不願向人展示纖瘦的肢體。與她一起進膳時，我曾勸她多喝半杯牛奶，換來的是怒目與黑臉。她像一座冰山，叫人感覺寒冷、不敢接近。

小薇不愛食物，卻喜歡親自烹弄小食，成為可以一談的話題，總算有溝通的渠道。原來她並非拙於言詞，只是心裏有一道看不見的圍牆。

我親眼目擊圍牆的崩潰，來得頗戲劇性。那次與小薇一起，跟她父母面談，也記不起是什麼觸動她的情緒，是什麼激起她的勇氣——我從未聽過她以那樣響亮的聲音、直視她的父親，說：「你知道我一直對你十分憤怒嗎？」

出奇的是她父親沒有還擊，還能相當自制、冷靜的回應：「是為了什麼？是從哪時候開始？」

小薇激動地哭訴自己在十一歲那年開始，已經覺得父母不再愛自己，他們把全副精神都放在妹妹和剛出生的弟弟身上。

我正擔心小薇的父母能否忍受如此激昂的控訴，豈知父親臉上沒有半點惱怒的痕迹，反而誠懇地回應：「唉！你為什麼不早些告訴我們？原來你一直以為我們不關心你！你知道嗎，那一年你弟弟剛出生不久，妹妹又染上重病，我們真的應付不了。想起來，真的很少時間照顧你。我們一直覺得你很聽話、很懂性，真對不起你了！」

意想不到，六年來愈趨牢固的牆一下子崩塌了。小薇滿臉淚痕背後，第一次露出了一絲笑容。往後，小薇好像一隻在籠中釋放出來的小鳥：說話多了、吃得多了、功課也比以前好了。

冷漠背後的渴求

對一個成長中的孩子來說，有什麼比父母的愛更重要呢？然而，愛的接收又是如此的主觀。當一個少女自覺被父母忽略和拒絕，她還敢去愛嗎？

對愛的渴求變成了對親密的畏懼，背後是害怕再被拒絕。

我重新評估每個少年人的「冷漠」、「高傲」、「畏懼」……這些可能是面具，遮掩了心底對愛的渴求。我又何嘗沒有畏懼？有誰喜歡被人拒絕？與其被拒絕，倒不如躲在自己築起的保護牆後。

愛，是每個人心底的渴求。經歷過被拒絕的傷害後，難免築起自衛的圍牆。

畏懼，掩蓋了渴求。

點滴反思

身為青年工作者，特別欣賞耶穌如何衝破那位撒瑪利亞婦人為自己所築的畏懼圍牆。因為我也經常遇上一些青少年，他們給人的印象十分抽離、滿臉不在乎，不想與任何人深交，將所有人都拒諸千里之外。

耶穌願意採取主動，也不怕表達自己當前真正的需要，向撒瑪利亞婦人求助，先成為受助者。我是否願意暴露自己的需求，謙虛地向青少年求助呢？

耶穌不讓這個關係停留在一個表面的層次，他大膽揭開一些深入又敏感的話題，洞察這位撒瑪利亞婦人的深層需求。

每個人都有本能上的防衛系統，將他人拒諸心門之外；耶穌的誠意、善意、關懷及接納，成為他成功闖進內心禁區的重要元素。那位婦人終於將心底深處的渴求和盤托出。

點滴反思

每個人的心靈深處都有一些真正的終極關懷（ultimate concern)——對愛的渴求、對靈性的探索。我常提醒自己，我不是「救世主」(彌賽亞）；我要同時學習以無懼的心，與青少年一起探索他們心底的終極關懷。

小組討論

1 你察覺自己渴求與畏懼愛的同時，存在哪些矛盾？這是否與自己的成長經歷有關？

2 倘若你已為人父母，可曾想過自己的言行、有意無意地拒絕子女的需求，均可能造成他們一些畏懼的後果？你如何回應子女對愛與被愛的需求？

3 身為青少年工作者，你碰過一些表現冷漠、畏縮的青少年嗎？你如何跨越圍牆，與他們建立進深的關係？

閱讀推介

包約翰著（1997），《為什麼我不敢告訴你我是誰？》。

台北：道聲出版社。

Powell, John (1995). Why Am I Afraid to Tell You Who I Am?（Reprint edition）. USA: Thomas More Association.

這是我初當青少年輔導者時閱讀過的一本好書。作者包約翰幫助我明白自己為何不敢向人展示真我，是因為害怕不被接納、失去朋友。我也學習了解青少年對「我是誰」這個既有興趣又懼怕的問題；不輕易與人深入探索自己的內心世界、個人身分與需求。「為什麼不敢」，是一個十分重要的問題。

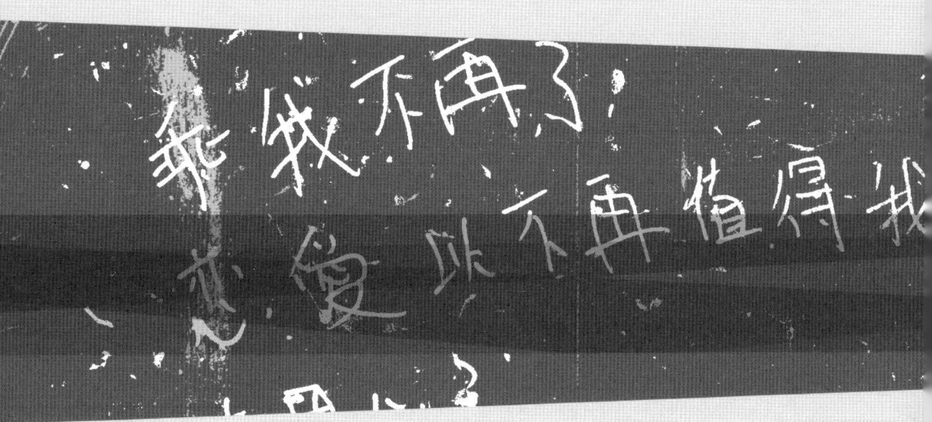

第4章
滿「心」傷痕的少年

生活在一個不完美的世界，成長於一個不完美的家庭，受教於不完美的父母，有哪個孩子不曾經歷創傷？

我曾經對成長創傷抱着相當負面的態度，覺得它是缺陷、是咒詛、是成長的障礙。細讀過一篇文章後，叫我有所改觀。作者認為「一個人一生的召命（vocation），很可能隱藏在成長的最深創傷背後（deepest wound）。」

我環顧所認識的人，有多位是昔日的吸毒者，成了充滿憐憫心腸的戒毒工作者；有些是被遺棄的孤兒，今天是流露着父母心腸的牧師。我自己也曾經歷「爸爸不在家」（absent father）的缺欠，現已身為青少年工作者，承擔着「父親」的角色。如此的轉變，重要是有勇氣承認並面對創傷，得到治療後才成為「受創的治療者」（*The Wounded Healer*，亦是盧雲教授曾撰寫的一本書）。

我就以一個《聖經》人物，細思整個從創傷到召命的過程。

受創者也是殺傷者

約瑟在猶太歷史中是個傳奇的人物，他的父親是猶太人的先祖雅各（後來改名為以色列）。「約瑟的彩衣」故事曾被編成音樂劇（*Joseph and the Amazing Technicolor Dreamcoat*），搬上世界各地的舞台。《聖經》詳盡記載了約瑟的故事：

雅各住在迦南地，就是他父親寄居的地。雅各的記略如下。約瑟十七歲與他哥哥們一同牧羊。他是個童子，與他父親的妾辟拉、悉帕的兒子們常在一處。約瑟將他哥哥們的惡行報給他們的父親。以色列原來愛約瑟過於愛他的眾子，因為約瑟是他年老生的；他給約瑟做了一件彩衣。約瑟的哥哥們見父親愛約瑟過於愛他們，就恨約瑟，不與他說和睦的話。

約瑟作了一夢，告訴他哥哥們，他們就越發恨他。約瑟對他們說：「請聽我所做的夢：我們在田裏捆禾稼、我的捆起來站着，你們的捆來圍着我的捆下拜。」他的哥哥們回答說：「難道你真要作我們的王嗎？難道你真要管轄我們嗎？」

他們就因為他的夢和他的話越發恨他。後來他又作了一夢，也告訴他的哥哥們說：「看哪！我又做了一夢、夢見太陽、月亮，與十一個星向我下拜。」約瑟將這夢告訴他父親和他哥哥們，他父親就責備他說：「你做的這是什麼夢！難道我和你母親、你弟兄果然要來俯伏在地，向你下拜嗎？」他哥哥們都嫉妒他，他父親卻把這話存在心裏。

約瑟的哥哥們往示劍去放他們父親的羊。以色列對約瑟說：「你哥哥們不是在示劍放羊嗎？你來，我要打發你往他們那裏去。」約瑟說：「我在這裏。」以色列說：「你去看看你哥哥們平安不平安，羣羊平安不平安，就回來報信給我。」於是打發他出希伯崙谷，他就往示劍去了。有人遇見他在田野走迷了路，就問他說：「你找什麼？」他說：「我找我的哥哥們，求你告訴我，他們在何處放羊。」那人說：「他們已經走了，我聽見他們說要往多坍去。」約瑟就去追趕他哥哥們，遇見他們在多坍。他們遠遠地看見他，趁他還沒有走到跟前，大家就同謀要害死他，彼此說：「你看！那做夢的來了。來吧！我們將他殺了，丟在一個坑裏，就說有惡獸把他吃了，我們且看他的夢將來怎麼樣。」流便聽見了，要救他脫離他們的手，說：「我們不可害他的性命。」又說：「不可流他的血，可以把他丟在這野地的坑裏，不可下手害他。」流便的意思是要救他脫離他們的手，把他歸還他的父親。約瑟到了他哥哥們那裏，他們就剝了他的外衣，就是他穿的那件彩衣，把他丟在坑裏，那坑是空的，裏頭沒有水。

他們坐下吃飯，舉目觀看，見有一夥米甸的以實瑪利人從基列來，用駱駝馱着香料、乳香、沒藥，要帶下埃及去。猶大對眾弟兄說：「我們殺我們的兄弟，藏了他的血有什麼益處呢？我們不如將他賣給以實瑪利人，不可下手害他，因為他是我們的兄弟，我們的骨肉。」眾弟兄就聽從了他。有些米甸的商人從那裏經過，哥哥們就把約瑟從坑裏拉上來，講定二十舍客勒銀子，把約瑟賣給以實瑪利人。他們就把約瑟帶到埃及去了。 *（〈創世記〉37章1至28節）*

每個經歷創傷的人都覺得自己是受害者，相信約瑟也不例外。事實上，他的確被兄長絕情地賣給以實瑪利人，再帶往埃及被賣為奴。

我不知道約瑟可曾想過，他在父親面前打的「小報告」肯定傷害了哥哥。他將那些夢境一再公開講述，亦會招惹哥哥的妒忌，甚至對父母也造成困擾。受創者未必會自我檢討，自己曾否傷害過那些將傷痕加在自己身上的人。

善意的愛心行動有時也會造成傷害，約瑟的父親一定沒有考慮過，他送給約瑟的那件彩衣，竟會為約瑟招惹殺身之險！按傳統，父親應該將那件彩衣送給長子；按財力，他有能力買十二件彩衣給每一個兒子。説實在，沒有一個父親蓄意「殺害」自己的兒子，都是「誤殺」的！

我回顧自己的成長歷程，完全深信父親對我的愛，即使他因為我轉行時痛罵我一頓，教訓我一場，卻肯定是出於「愛之深、責之切」的為父心腸。我是後期才醒悟過來，不再視自己為「受害者」，反而領悟到我棄醫轉行的行動，對父親造成何等重大的打擊。

創傷復原的祕訣

約瑟的故事出人意表：少年被賣到埃及為奴，輾轉再被主人的太太誣告，下在監裏。後來出獄為法老王解夢，備受賞識而被提拔為宰相，帶領埃及渡過荒年的災難。更震撼人心的是他沒有懷着怨恨、苦澀的心過日子，後來更將兄弟和父親接到埃及定居，全家團聚，對曾經陷害過他的哥哥寬容大量，實在超越一般人的理解。

法老和他一切臣僕都以這事為妙。法老對臣僕說：「像這樣的人，有神的靈在他裏頭，我們豈能找得着呢？」法老對約瑟說：「神既將這事都指示你，可見沒有人像你這樣有聰明有智慧。你可以掌管我的家，我的民都必聽從你的話，惟獨在寶座上我比你大。」法老又對約瑟說：「我派你治理埃及全地。」法老就摘下手上打印的戒指，戴在約瑟的手上，給他穿上細麻衣，把金鍊戴在他的頸項上，又叫約瑟坐他的副車，喝道的在前呼叫說：「跪下。」這樣，法老派他治理埃及全地。法老對約瑟說：「我是法老，在埃及全地，若沒有你的命令，不許人擅自辦事（原文是「動手動腳」）。」法老賜名給約瑟，叫撒發那忒巴內亞，又將安城的祭司波提非拉的女兒亞西納給他為妻。約瑟就出去巡行埃及地。

約瑟見埃及王法老的時候年三十歲。他從法老面前出去，遍行埃及全地。七個豐年之內，地的出產極豐極盛（原文是「一把一把的」）。約瑟聚斂埃及地七個豐年一切的糧食，把糧食積存在各城裏；各城周圍田地的糧食都積存在本城裏。約瑟積蓄五穀甚多，如同海邊的沙，無法計算，因為穀不可勝數。

荒年未到以前，安城的祭司波提非拉的女兒亞西納給約瑟生了兩個兒子。約瑟給長子起名叫瑪拿西（就是「使之忘了」的意思），因為他說：「神使我忘了一切的困苦和我父的全家。」他給次子起名叫以法蓮（就是「使之昌盛」的意思），因為他說：「神使我在受苦的地方昌盛。」

埃及地的七個豐年一完，七個荒年就來了。正如約瑟所說的，各地都有饑荒；惟獨埃及全地有糧食。及至埃及全地有了饑荒，眾民向法老哀求糧食，法老對他們說：「你們往約瑟那裏去，凡他所說的你們都要做。」

當時饑荒遍滿天下，約瑟開了各處的倉，糶糧給埃及

人；在埃及地饑荒甚大。各地的人都往埃及去，到約瑟那裏糴糧，因為天下的饑荒甚大。 ***(〈創世記〉41章37至57節)***

約瑟兒子的名字提供了線索，讓我們明白他創傷復原的祕訣：長子瑪拿西——神使我忘了一切的困苦；次子以法蓮——神使我在受苦的地方昌盛。

一個真正活得暢快、自由的人，是一個不記仇的人。仇恨只會叫一個人的心惱怒、苦澀，不會開心，最終被內裏燃燒的怒火、苦毒所吞噬。真正的忘記，先要有真正的饒恕。一個經歷過饒恕的人，才有力量去饒恕。饒恕是愛的最高表現。

約瑟有可能在獄中體驗過什麼是被愛與被饒恕，《聖經》記載「神與約瑟同在，向他施恩」。在監獄中獨處，靜思的時候特別多。「靜坐常思己過」，約瑟可能醒悟到他也曾傷害過父親和兄長，但他也經歷過神對他的饒恕。(〈創世記〉39章19至23節)

基督教信仰的核心是愛與饒恕，耶穌被釘十字架的第一句禱文便是：「父阿，赦免他們，因為他們所作的，他們不曉得。」(〈路加福音〉23 章 34 節)

我最敬佩的當代政治人物是前南非總統曼德拉，他也是在被囚的二十七年中，深刻地反思、懺悔，在獨處中經歷過什麼是愛、什麼是饒恕。曼德拉從獄中出來，將他的仇恨哲學改變為和好哲學，最終與當時的白人總統狄克拉克和解，和平地、公平地競選，成為南非第一個黑人總統。只有饒恕能滅掉冤仇，化干戈為玉帛，將怨恨化作復和。

約瑟是個愛哭的人：他與兄弟相認時痛哭流淚；他與父親重逢時，也是情不自禁地哭泣。然而，這是愛的眼淚，淚中沒有仇恨和苦澀！

我也曾為自己對父親造成的傷害痛哭流淚。我知道自己得到神的饒恕，卻仍然對父親有恐懼，因為他尚未饒恕我。經過多年的等待，我父親終於經歷到什麼是愛與饒恕。父子先後明白什麼是饒恕，兩個經歷過醫治的人再真誠相遇，才有真正的復和。今天，我父親的身體和記憶都衰退，然而我們可以四目交投、手牽着手一起禱告。

約瑟是真正的「忘了」，再經歷「在受苦的地方昌盛」，苦難可以轉化為昌盛，咒詛可以轉變為祝福！

從新的角度理解

忘記不是「洗腦」，將事件完全從腦袋中抹去，而是從一個新的觀點和角度理解同一件事。

約瑟與兄弟相認時，從新的角度解釋被兄長出賣的事件，並且申明自己已經找到召命。

神差我在你們以先來，為要你們存留餘種在世上，又要大施拯救，保全你們的生命。這樣看來，差我到這裏來的不是你們，乃是神。他又使我如法老的父，作他全家的主，並埃及全地的宰相。 *(〈創世記〉45節7至8節)*

每件事都不只有一個層次的理解。從受害者的角度去解釋，只是一個觀點。有人選擇終身從受害者的角度去解釋事件，但抱着受害者的心態，不會明白一件事的全盤真相。

約瑟深入再思被賣為奴這件悲痛事件，找到了一個更深層意義，尋找到自己的召命：「神使我如法老的父、作他全家的主，並埃及全地的宰相。」約瑟不單成為一個精明的宰相，更是一個滿有憐憫心腸的「父親」——他不單是兩個兒子的父親、是「法老的父」，也成為兄弟們和爸爸的「父親」。

我與父親從疏離到復和的故事，都記載在《從未遇上的父親》這本書內；想不到這本小書竟然多次重刷，還出版了一個中國內地的版本，有機會與內地青少年分享與父親真正相遇的故事。今天，你問我的召命是什麼？我有信心回答你：我是伴着青少年成長的朋友和「父親」。

不畏懼進入苦難現場

青少年工作者需要進入青少年生活的現場，要明白他們的家庭、學校、朋友；也要進入他們的文化現場，明白他們的信念、價值、意識形態。

初當青少年工作者時，我很怕接觸他們的創傷，不願進入他們的「苦難現場」，因為他們的創傷及苦難可能讓自己未痊愈的傷口再滲血。逃避他們的苦痛，也是保護自己的一種行徑。後來我經歷過被醫治、被饒恕，便比較願意聆聽青少年分享他們的創傷經歷，不會太快下判斷、給答案、給解釋、速速安慰、急急教導；也更放膽進入他們的「苦難現場」，甚至面對曾經傷害他們的親人或朋友。

我記得一次進入一個監獄，被邀請主講一個題目：朋友。我的講題談到人間最大的愛是為朋友捨命，並以耶穌捨命的故事來闡明饒恕的愛。當時我還說我的兒子已經二十二歲，本來預算與我一同來這次的聚會，卻未能成行。

演講完畢，有一位囚友前來與我攀談，他劈頭第一句便問我：「你猜我幾多歲？」每個囚友都穿着同樣的衣服、剪同樣的陸軍裝髮型；我見他有些白髮，不敢亂猜。他說：「二十二歲。」

他顯然對我有些好感，可能我讓他想起他的父親。他低聲的繼續說：「昨天才有人問我什麼是愛，我找不到答案；今天你正好講這個主題，我想問你一些問題。」

我相信他有一個不尋常的故事。果然，他向我傾訴：父母在他童年時已離婚，他就跟隨父親，兩人相處還過得去。他的成績一直都不錯，直至在中學誤交損友，才學會吸煙，還結為「童黨」。交了女朋友後，他決定退出「童黨」，不再參與一些反社會行為。誰知接到一個電話，是他的黨友請他最後一次幫忙交涉，增強聲勢。為了「義氣」，他應允參與最後一次行動。

真的是最後一次；初則口角、繼而動武，混亂中有一人喪命。四人被起訴、兩人被判殺人罪名成立，終身監禁。

他垂着頭，緩緩的講述，最後才抬起頭來，望着我雙眼說：「我真的沒有殺人！」再述說被審及上訴的過程，眼泛淚光：「我父親第一次相信我，他花了很多錢為我請律師；上訴仍然失敗，死刑改為終身監禁。」

真的有愛嗎？真的有饒恕嗎？他心中仍有不甘，覺得自己仍有話要説。他曾經埋怨母親，為何棄他而去；也不滿父親，為何常不信任他；對自己更多責備，竟然如此收場！

當天他表示願意嘗試領受神的愛、神的饒恕，願意學習愛自己的父親、饒恕自己的母親。後來，我有機會見他的父親，與他的母親通電話，亦和他保持通信，再探望他幾次，其中一次更和我的兒子同行。

我知道他真的明白並實踐了「饒恕與忘記」，他和父母的關係進步了。他的女朋友沒有再等待他，已經結婚了，他仍然祝福她。在獄中他完成了一個會計的課程，再進修一項設計課程，還報讀了一項《聖經》研讀的遙距課程。他堅定的告訴我，有一天他會刑滿出獄，再學習回報他的父母、決心回報社會；他珍惜每個裝備自己的機會。

我被他的改變深深感動，我期待着他出獄的日子。他一定會為很多成長中經歷創傷、挫折、沮喪、絕望的青少年朋友帶來盼望。

願意面對創傷，才會得到治療；而每個人都有召命，這個召命可能與創傷息息相關。

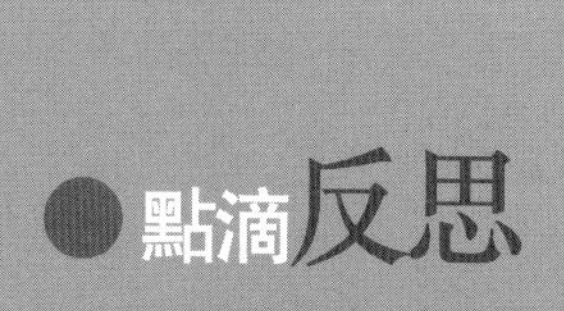

●點滴反思

我絕對不是一個勇敢的人，少年期相當害羞內向。可能是太早上學，三歲便讀小學一年級，一直自覺無論身材、學業都比不上他人。父母一直都寬鬆愛護，後來因為信仰和職業問題才出現矛盾和衝突。

我意想不到自己竟然成為醫生，面對病者的身體傷痛；後來成為輔導員，要不斷聆聽受導者傷痛的故事。當初我不敢觸動受導者最創傷、最幽暗的角落，是有意無意間的迴避。約瑟的故事叫我確信，沉重的創傷也可以「忘了」，更可以「在受苦的地方昌盛」。

我曾經參加過多次長達七天至四週的「生命重整營」：由心靈導師的指引下，在默想《聖經》、個人安靜、小組分享之中，回到自己生命成長歷程中的「苦痛現場」，經歷饒恕、學習去饒恕；體驗被愛、學習去愛。

在我個人的經歷中，是先經歷天上父親的饒恕，學習對自己、對父親的饒恕；多年後，才親身經歷與父親面對面彼此饒恕。每個人的路程都不同。無論如何，我不會忘記那種經歷被饒恕後的輕省，對承擔自己的召命也增添了信心。

我慶幸自己尋找到召命，回顧三十一年的青少年工作、從自己尋找「父親」到成為青少年的朋友和「父親」——無悔！

小組討論

1 每個人的成長都有些值得慶祝及不想回顧的經歷，你曾經歷過饒恕與忘記的喜悅嗎？

2 青少年工作者的最大滿足，是見證同行的青少年尋找到自己的召命。你發現他們的召命與昔日的創傷有何關係？

3 青少年可能不敢回到成長中的「苦難現場」。你應怎樣陪伴他們面對創傷，再逐步走向治療的路程？父母和青少年工作者的角色可能有所不同，請在小組中分享你的觀察和經驗。

閱讀推介

路易．史密德著（1996），《寬恕與忘卻》。

台北：洪建全基金會。

Smedes, Lewis B.（1996). Forgive and Forget: Healing the hurts we don't deserve. USA: HarperSanFrancisco.

這本書的作者是一位出色的輔導者兼神學家，最近離世。他的洞察力對我的個人反省及青少年工作都很有幫助。我不會忘記他提出的饒恕四部曲：（一）我受傷（I hurt）；（二）我忿恨（I hate）；（三）我得醫治（I heal myself）；（四）我們復和（We come together）。這是一本探討饒恕與治療的經典之作。

第5章
我行我素的「**邊緣青年**」

成年人喜歡為青少年添上不同的標籤：邊緣青年、暴風少年、雙失青年、夜青、隱蔽青年……。只要一個少年人的髮型、服式、言語、行為與「主流」有異，我們便稱他們為「邊緣青年」(marginal youth)。其實每個人都有「邊緣」的一面。

身為青少年工作者，或是為人父母，一定要持守一個信念：每個青少年都有潛能。現在我們知道人有九種智能（Howard Gardner 在其著作 *Intelligence Reframed: Multiple intelligences for the 21st century* 提出的多元智能概念），便有責任為青少年提供適切的培育，讓他們盡量發揮本身的能量！明顯地，有些青少年未能發揮本身「內在的能量」（心理學及醫學專家 Mel Levine 在 *The Myth of Laziness* 一書內所謂的 output failure；可參閱附件一），一定要別人協助他們找出原委，輔助他們克服那些先天性或由環境造成的思想、言語、動機或行為障礙。

虛耗內在的能量

在香港的青少年中，其中一個值得關注的現象是沉溺行

為（addictive behaviour）。沉溺或上癮可分兩大類：物質的沉溺（substance addiction）——酗酒、濫藥、吸毒等；過程的沉溺（process addiction）——賭博、性行為、網上沉溺等。

上述都是一些尋求快感的行為、彌補內心的沉悶空虛感覺。當快感的行為不斷重複，密度與強度不斷提升之下，就產生「身癮」及「心癮」，不能自拔。至於終止沉溺行為時，又會產生身體及心理上的不安和不適的反應。故此，當一個人陷入沉溺行為時，其內在的能量就會顯著下降。

我在《聖經》找到一個「邊緣青年」的故事，有助我明白沉溺行為對一個人的打擊。參孫也算是一個有知名度的英雄人物，身處猶太歷史中一段相當黑暗的士師時期（約在3500年前），是一位相當顯赫的士師（是當時的猶太人領袖，有行政、宗教、軍事的權柄）。他的外貌與行徑相當「邊緣」——頭披長髮、愛住在山穴裏、力大無窮、好勇鬥狠、足智多謀、愛出謎語、迷戀美色、行蹤詭祕……。

參孫到了迦薩，在那裏看見一個妓女，就與她親近。有人告訴迦薩人說：「參孫到這裏來了！」他們就把他團團圍住，終夜在城門悄悄埋伏說：「等到天亮我們便殺他。」參孫睡到半夜起來，將城門的門扇、門框、門閂，一齊拆下來，扛在肩上，扛到希伯崙前的山頂上。

後來，參孫在梭烈谷喜愛一個婦人，名叫大利拉。非利士人的首領上去見那婦人，對她說：「求你誆哄參孫，探探他因何有這麼大的力氣，我們用何法能勝他，捆綁剋制他。我們就每人給你一千一百舍客勒銀子。」大利拉對參孫說：「求你告訴我，你因何有這麼大的力氣，當用何法捆綁剋制你？」參孫回答說：「人若用七條未乾的青繩子捆綁我，我就軟弱像別人一樣。」於是非利士人的首領拿了七條未乾的青繩子來，交給婦人，她就用繩子捆綁參孫。有人預先埋伏在婦人的內室裏。婦人說：「參孫哪，非利士人拿你來了！」參孫就掙斷繩子，如掙斷經火的麻線一般。這樣，他力氣的根由人還是不知道。

大利拉對參孫說：「你欺哄我，向我說謊言。現在求你告訴我當用何法捆綁你。」參孫回答說：「人若用沒有使過的新繩捆綁我，我就軟弱像別人一樣。」大利拉就用新繩捆綁他，對他說：「參孫哪，非利士人拿你來了！」有人預先埋伏在內室裏。參孫將臂上的繩掙斷了，如掙斷一條線一樣。

大利拉對參孫說：「你到如今還是欺哄我，向我說謊言。求你告訴我，當用何法捆綁你。」參孫回答說：「你若將我頭上的七條髮綹與緯線同織，就可以了。」於是，大利拉將他的髮綹與緯線同織，用橛子釘住，對他說：「參孫哪，非利士人拿你來了！」參孫從睡中醒來，將機上的橛子和緯線一齊都拔出來了。

大利拉對參孫說：「你既不與我同心，怎麼說你愛我呢？你這三次欺哄我，沒有告訴我，你因何有這麼大的力氣。」大利拉天天用話催逼他，甚至他心裏煩悶要死。參孫就把心中所藏的都告訴了她，對她說：「向來人沒有用剃頭刀剃我的頭，因為我自出母胎就歸神作拿細耳人；若剃了我的頭髮，我的力氣就離開我，我便軟弱像別人一樣。」

大利拉見他把心中所藏的都告訴了她，就打發人到非利士人的首領那裏，對他們說：「他已經把心中所藏的都告訴了我，請你們再上來一次。」於是非利士人的首領手裏拿着銀子，上到婦人那裏。大利拉使參孫枕着她的膝睡覺，叫了一個人來剃除他頭上的七條髮綹。於是，大利拉剋制他，他的力氣就離開他了。大利拉說：「參孫哪，非利士人拿你來了！」參孫從睡中醒來，心裏說：「我要像前幾次出去活動身體。」他卻不知道耶和華已經離開他了。非利士人將他拿住，剜了他的眼睛，帶他下到迦薩，用銅鍊拘索他，他就在監裏推磨。然而他的頭髮被剃之後，又漸漸長起來了。 ***（〈士師記〉16章1至22節）***

參孫是一個悲劇英雄，他最終被剃頭髮，失去力量，結果被非利士人剜去雙目，成為階下囚。他人生最後的一頁確是轟轟烈烈的：抱着兩根托住大樓的柱子，盡力屈身，房子倒塌了，與數以千計的仇敵同歸於盡。

歷史上沒有幾個人有參孫那般驚人的能量，留下驚天動地的故事。不過我卻深信每個人都有一定的天賦智能與才能，發揮出來就能夠祝福身邊的人。只是，一般人可能低估了自己內裏的力量，並未好好發掘和發揮本身的潛能；亦可能是父母或老師錯誤地評估少年人的才能，製造了可以避免的挫敗感。

參孫的父母早已知道這個孩子天賦非凡的力量，悉心養育參孫，並且將參孫得着力量的祕訣告訴他。參孫亦沒有埋沒他的天賦能力，盡力保護他的民族，免受其他族裔的欺侮。然而，每個人都有他的「死穴」，參孫正是「英雄難過美人關」。他已經多次陷入情慾的捆鎖，招惹不必要的麻煩：他和非利士的女子結婚是尋找攻擊敵人的機會；他亦會放縱自己，與妓女親近，被人揭發行蹤；後來遇上一個他喜愛的婦人大利拉，情慾陷溺叫他失去自控、失去理性，泄露自己不尋常力氣的祕密，最終被剃去頭髮，束手就擒。

參孫一直覺得自己有自控的能力，不會將自己出賣。然而，沉溺的行為正是叫人失去理性、失去自控能力。參孫是死在自己的手上。

有「死穴」也有潛能

一人有一個夢想，一人有一個故事，不必將自己與參孫比較；他有他的力量、他的故事。每個人都要肯定、尋找、發掘、發揮自己擁有的能量。

做父母的會不自覺將自己的孩子互相比較：「看你哥哥的英文成績多好」、「看你姊姊彈琴多動聽」；亦會將自己的孩子和鄰舍的孩子比較：「你看他已經考進了名校」、「你看她會考拿了五優三良」……。

我曾經開放家庭，讓一些少年人到家中暫居，協助他們在短期的蔭庇中，尋找自己內在的潛能，重建信心，重建與家人的關係。但我也跌入比較的陷阱，不自覺地將暫居的少年與自己的兒子比較。「我兒子不是這樣讀書的」、「我兒子對我是如此尊敬的」、「我兒子不必我這樣勞心的」……。

一次，一個十五歲的少男答應我某個鐘點回家，卻遲了兩小時才回來，給我痛罵一頓──因為他破壞了我的「家規」。我太太第二天早晨問他：「我也未見過蔡醫生如此勞

氣，你怕嗎？」豈知他安然回答：「這樣的場面我見慣不怪！我根本沒有聽到他在講什麼？」

我開始領悟到，先要改變的是我。我不再嘮叨地勸他少看日本漫畫，或是少浪費時間畫那些古怪的卡通人物；我不再要求他的數學和化學成績及格；我發現他原來最愛看歷史故事，原來他有興趣學日文，原來他的運動也頗出色……。

我學習騰出空間，讓他尋自己的夢、寫自己的故事。他在我家只住了九個月，離開我家已超過十年了。他沒有進大學，卻念完了中學，再進修網上設計，還學會日文。一家日本公司看上了他設計的網站，聘請他到日本工作。他還和一位日本姑娘結了婚，剛剛做了父親。他走的路和我兒子的不一樣，我學會了以這個「兒子」為榮；他寫下了一個美麗的故事。

慎防「過癮」變為上癮

我發現，有些少年人常把「悶」字掛在嘴邊！這可能是生活缺乏姿采，也可能是家中的氣氛確是沉悶、沒有火花，

又或是在學校裏得不到成功感等種種原因。另一個常聽到的詞彙是「過癮」；可能是看完一齣電影、聽完一場演唱會、勝了一局電子遊戲、打贏了一場球賽、剛與朋友在網上 chit-chat 一輪……。少年人都尋求內裏那種暢快、興奮的感覺；是腎上腺不斷分泌、腦部不斷生產一種激素的結果！

「過癮」會演變為上癮：成為一種慣性行為，不做則不安。跑步也會上癮，但對身體有益；聽音樂可能上癮，卻可以怡神；看武俠小說或科幻小說也會上癮，能刺激想像力……。

可要辨別是什麼「癮」，有些少年人覺得參加派對，與朋友間中「啪」一粒「K仔」(氯氨酮，是一種麻醉藥，俗稱「迷姦丸」) 沒有大礙。最近香港大學的研究，證實「K仔」可以令人上癮，並且對腦部造成損害，影響記憶力，反應逐步遲鈍。

有些行為本身沒有壞處，一旦沉溺，卻令人失去動力、能量下降。我認識一位少年人，天資聰穎，記憶力驚人，過

目不忘，考試不必勤讀也應付自如。誰知網上的遊戲深深吸引他，他在世界大賽中也屢屢勝出，十分「過癮」！後來，他每天在網上花去多少個小時也數不清，而且往往玩至深夜甚或凌晨，不能自控。他失去了的，是上課的精神、與家人溝通的空間、與朋友交往的動力——身心能量急劇下降！

失去自控的能力

上癮（addiction）、被動（passivity）、抑鬱（depression）是我的一位導師對廿一世紀的趨勢的三個觀察。香港是「活力之都」，我卻在一部分成年人與年輕人身上，看見這三大趨勢的影子。（參閱附錄二）

二十世紀的沉溺行為，在成年人中較為明顯：吸食白粉、病態賭博、酗酒、嫖妓……廿一世紀的上癮行為，較多青少年參與其中：吃「K仔」、「搖頭丸」（ecstacy）、沉溺上網、賭波……。

近年來，中國內地的教育界亦十分關心新一代的成長培育，他們稱之為德育、心理素質教育或養成教育。我有機會

參與國內一些與青少年成長有關的研討會，謹將兩篇在國內研討會發表過的論文（是與本書主題有關的），附於書末以供參閱。這對了解青少年學習困難的成因，以及香港青少年的心理及精神困擾狀況，有多一些從研究數據上的了解。

我仍然深信，每個青少年都各有自己的才能，每個都可以成為領袖。千萬不要讓沉溺行為奪去內在的能量！

點滴反思

參孫可算是一個「邊緣青年」，他的外貌、行為都與主流不同。我們喜歡為人定位：正邪、忠奸、黑白、善惡，再將定位變為貼上標籤，讓我們與人交往時不必那麼勞心費力，方便自己。

參孫偏偏不容易被定位：他有自己的召命，亦有超常的能力去承擔召命；他卻同時有不能自控的沉溺行為，亦為自己的行為付上沉重的代價。

我被他最後的一次禱告觸動：「主耶和華阿，求你眷念我。神阿，求你賜我這一次的力量，使我在非利士人身上報那剜我雙眼的仇。」(〈士師記〉16 章 28 節）。他最終以自己的性命去完成他的故事。

我不敢再隨便標籤眼前的青少年，我只是相信他們每個人都有自己的能量、每個人都有自己的心底夢。我願意學習去聆聽，並騰出空間，讓他們去尋夢、燃夢。

我也領會到沉溺行為的殺傷力。我不敢自誇有足夠的自控力，我需要支援系統，我需要尋求從神而來的力量。

多年來，我都參與一些「福音戒毒」機構的義工工作，令我體會到戒除毒癮絕不容易。在香港及世界各地，成功戒毒一段短時期後再吸食的比率相當高，但叫我得到激勵的，是仍然見到不少成功的案例，其中有些成功脫離毒癮的過來人，還成為「福音戒毒」中心的同工或義工。在突破機構，也有些短期同工，甚至長期同工都是從毒癮的深淵中逃脫出來的成功個案。

我愛聽他們的故事，並親自見證他們今天所發揮的生命能量，成為其他青少年的祝福。他們本身的決心固然值得讚賞，通常還少不了親友的鼓勵和支持。更加重要的是信仰為他們帶來新的信念、新的能力、新的人生目標、新的支持系統。

我剛與「突破」同工一起參觀位於大嶼山的基督教正生書院，喜見那些青少年不單成功戒毒，並且參與公開會考，也學會了養魚、手工藝、廚藝、影音製作、零售業等謀生技能，成為有份貢獻社會的一份子。他們臉上的笑容、目光流露出來的自尊感，叫我感覺到他們經過兩年或更漫長的戒毒及復康路程，已經開始人生新的一頁。原來，生命竟然有「Take-2」！（是再生的經歷）。

近年來，青少年濫用精神科藥物有增無減，引起社會各界關注。我盼望，那些仍然身陷濫藥，或是賭博、網上沉溺等行為的青少年，不要放棄自己。這不是一條「不准掉頭」的死路，不過有人經歷過「再生」，重新發揮本身應有的能量！

小組討論

1 你曾將自己和他人比較嗎？又試過將自己的子女和其他孩子比較嗎？怎樣才能尊重、接納及發掘自己和子女的獨特性？

2 你會被一些「邊緣行為」困擾嗎？即或不同意、不支持每個青少年的某些行徑，卻應怎樣保持對他們不離不棄的心？

3 在你接觸的青少年中，有哪些沉溺行為會造成傷害？輔助青少年從沉溺的深淵走出來並不容易，你有什麼經驗可以分享？

閱讀推介

李家同（2004），《一切從基本做起》。

台灣：圓神出版社。

李家同教授是一位在台灣及美國接受教育的教育家，在台灣進行了多年高等教育，特別關注弱勢社羣。他在這本書內詳述「青少年的邊緣化現象」及其成因，語重心長的指出：「因為只注重表面，而不注意基本，所有的一切都將崩潰瓦解。」這本針針見血的好書提醒青少年工作者如何回歸，指出培育下一代從基本做起。

第6章

悲觀被動的青少年

1989年東歐巨變，柏林圍牆拆毀，東西德合併，東歐國家全部重建，政治經濟體系全部改革，出現了一個令人驚訝的現象：部分人民袖手旁觀，並未趁這個新的空間改變生活方式，開創自己的事業。

當年我也有機會到波蘭、捷克、東德等國家觀察交流，有些人表現雀躍，積極去迎接新局面；另一些人仍然相當被動、悲觀；亦有人緬懷昔日國家擁有一切企業和工業，可在預期的安定環境工作。

一位波蘭女神學家稱這現象為 acquired passivity（承襲的被動）——多年被人操控，失去了應有的主動力。

失去主動力

西方也出現一個現象，不少新一代對世界及國家的前景感到悲觀，所以讀書並不積極、生活比較頹廢；濫藥、濫交；不信任婚姻、不敢結婚；不信有明天、不願生兒育女。心理學家 Martin Seligman 稱這現象為 learned pessimism（習染的悲觀），是小我膨脹（waxing of self）加上大我萎縮

（waning of the commons）的結果。Martin Seligman 將「大我」定義為對家庭、社會、國家、神的歸屬感。

我也發覺香港的一個現象，我稱之為 habitual dependency（慣性的倚賴）。不少新一代是寶貝的獨生子，出生後父母代辦一切：從幼稚園到大學都鋪了一條直路；家務由菲傭代勞；學校有模擬試卷、參考答案操練。若然社會出現了大小問題，傳媒及議員都異口同聲説是政府的錯——房屋、醫療、教育、社會福利、經濟、就業、環保等大事小事都交給政府制定政策，批評聲浪多，參與渠道不多，也懶得參與。經濟情況則要倚賴中國的經濟環境，視乎本港的大財團、外國的資金動向。不少人的感覺是無力與無助。

被動、悲觀、倚賴——處境不同，結果一樣：令人癱瘓！

我想起《聖經》另一位猶太裔歷史人物尼希米，他在二千五百年前是波斯宮廷的高官，波斯王很信任他。他弟兄哈拿尼向他陳述家鄉傳來的噩耗：「那些被擄歸回剩下逃脱的猶大人，在猶大省遭大難，受凌辱，並且耶路撒冷的城牆拆

毀、城門被火焚燒。」尼希米傷痛之餘，懇請波斯王差遣他回去耶路撒冷，嘗試重新建造該城。他回到現場觀察，發現真是頹垣敗瓦，一片荒涼。耶路撒冷顯得冷清，不少居民已遷居城外，其他仍然留居城內的人十分貧困，相當無奈，覺得沒有盼望。讓我們細看尼希米與民眾重建耶路撒冷的故事，可助我們面對被動、悲觀、倚賴的心態。

以後，我對他們說：「我們所遭的難，耶路撒冷怎樣荒涼，城門被火焚燒，你們都看見了。來吧，我們重建耶路撒冷的城牆，免得再受凌辱！」我告訴他們，我神施恩的手怎樣幫助我，並王對我所說的話。他們就說：「我們起來建造吧！」於是他們奮勇做這善工。但和倫人參巴拉，並為奴的亞捫人多比雅和阿拉伯人基善聽見就嗤笑我們，藐視我們，說：「你們做什麼呢？要背叛王嗎？」我回答他們說：「天上的神必使我們亨通。我們作他僕人的，要起來建造；你們卻在耶路撒冷無分、無權、無紀念。」*（〈尼希米記〉2章17至20節）*

仇敵聽見我們知道他們的心意，見神也破壞他們的計

謀，就不來了。我們都回到城牆那裏，各做各的工。從那日起，我的僕人一半做工，一半拿槍、拿盾牌、拿弓、穿鎧甲（「穿」或作「拿」），官長都站在猶大眾人的後邊。修造城牆的，扛抬材料的，都一手做工一手拿兵器。修造的人都腰間佩刀修造，吹角的人在我旁邊。我對貴胄、官長和其餘的人說：「這工程浩大，我們在城牆上相離甚遠，你們聽見角聲在哪裏，就聚集到我們那裏去。我們的神必為我們爭戰。」於是，我們做工，一半拿兵器，從天亮直到星宿出現的時候。那時，我又對百姓說：「各人和他的僕人當在耶路撒冷住宿，好在夜間保守我們，白晝做工。」這樣，我和弟兄、僕人，並跟從我的護兵，都不脫衣服，出去打水也帶兵器。

（〈尼希米記〉4章15至23節）

尼希米的勇氣固然可嘉，他的鄉土情亦是感人；叫我佩服的是他動員的能力，面對一羣無奈的旁觀者，竟然能夠激發起他們的熱情和信心，不分階級，不分貴賤，全部參與建造城牆。（〈尼希米記〉3章）

尼希米心中有一團火，能夠將他人的心燃點起來。事實

上，有誰不想得見城牆重建？有誰不想有個安穩家園？有誰不想看見耶路撒冷光芒再顯？每個人都想參與有意義的計劃，只是被環境的蕭條，加上內憂外患、資源不足、人手短缺……這一切都是千真萬確的實況。但尼希米看見團結的力量、看重參與的精神，他相信奮力一試勝過袖手旁觀。他相信發自內心的力量，因他經歷過從上頭來的恩典。

花了五十二天，城牆修建的工程已經完畢，尼希米面對更嚴峻的挑戰。

重建民生與心靈

百姓和他們的妻大大呼號，埋怨他們的弟兄猶大人。有的說：「我們和兒女人口眾多，要去得糧食度命。」有的說：「我們典了田地、葡萄園、房屋，要得糧食充飢。」有的說：「我們已經指着田地、葡萄園，借了錢給王納稅。我們的身體與我們弟兄的身體一樣；我們的兒女與他們的兒女一般。現在我們將要使兒女作人的僕婢，我們的女兒已有為婢的；我們並無力拯救，因為我們的田地、葡萄園已經歸了別人。」

我聽見他們呼號說這些話，便甚發怒。我心裏籌劃，就斥責貴冑和官長說：「你們各人向弟兄取利！」於是我招聚大會攻擊他們。我對他們說：「我們盡力贖回我們弟兄，就是賣與外邦的猶大人；你們還要賣弟兄，使我們贖回來嗎？」他們就靜默不語，無話可答。我又說：「你們所行的不善！你們行事不當敬畏我們的神嗎？不然，難免我們的仇敵外邦人毀謗我們。我和我的弟兄與僕人，也將銀錢糧食借給百姓；我們大家都當免去利息……」……自從我奉派作猶大地的省長，就是從亞達薛西王二十年直到三十二年，共十二年之久，我與我弟兄都沒有吃省長的俸祿。*（〈尼希米記〉5章1至10節、14節）*

到了七月，以色列人住在自己的城裏。那時，他們如同一人聚集在水門前的寬闊處，請文士以斯拉將耶和華藉摩西傳給以色列人的律法書帶來。七月初一日，祭司以斯拉將律法書帶到聽了能明白的男女會眾面前。在水門前的寬闊處，從清早到晌午，在眾男女一切聽了能明白的人面前讀這律法書。眾民側耳而聽。文士以斯拉站在為這事特備的木台上。瑪他提雅、示瑪、亞奈雅、烏利亞、希勒家和瑪西雅站在他

的右邊；毗大雅、米沙利、瑪基雅、哈順、哈拔大拿、撒迦利亞和米書蘭站在他的左邊。以斯拉站在眾民以上，在眾民眼前展開這書。他一展開，眾民就都站起來。以斯拉稱頌耶和華至大的神；眾民都舉手應聲說：「阿們！阿們！」就低頭，面伏於地，敬拜耶和華。耶書亞、巴尼、示利比、雅憫、亞谷、沙比太、荷第雅、瑪西雅、基利他、亞撒利雅、約撒拔、哈難、毗萊雅和利未人使百姓明白律法；百姓都站在自己的地方。他們清清楚楚地念神的律法書，講明意思，使百姓明白所念的。

省長尼希米和作祭司的文士以斯拉，並教訓百姓的利未人，對眾民說：「今日是耶和華你們神的聖日，不要悲哀哭泣。」這是因為眾民聽見律法書上的話都哭了；又對他們說：「你們去吃肥美的，喝甘甜的，有不能預備的就分給他，因為今日是我們主的聖日。你們不要憂愁，因靠耶和華而得的喜樂是你們的力量。」於是利未人使眾民靜默，說：「今日是聖日。不要作聲，也不要憂愁。」眾民都去吃喝，也分給人，大大快樂，因為他們明白所教訓他們的話。*（〈尼希米記〉8章1至12節）*

每個城重建都會從硬件開始，真正艱巨的工程是重建民生與心靈。

尼希米是一個細心聆聽、觀察的領袖，也是一個委身羣眾的「僕人領袖」。他不是用自己的嘴巴去重建，乃是全人投入，參與其中。他並不是單槍匹馬的個人英雄，而是請來很多伙伴和領袖；特別是重建心靈，他邀請祭司以斯拉及當時的宗教領袖全力領導。

身為青年工作者，我也嚮往這些「領袖素質」：聆聽、服侍、研究、計劃、動員、參與、建立伙伴、憐憫、公義、抗逆力。

活在解構和重建的年代

青少年成長，不是在真空、溫室中發生的，我們一定要辨別他們的處境，讓他們在現實世界中找到自己的召命、發揮內在的潛能。

現實世界進入了解構的年代（deconstruction）：後現代

（Post-modern）、後共產（Post-communist）、「後」基督教（Post-Christian）……。「後」（Post）字代表了對上一代的不滿。

解構是拆毀，最嚴重的一種是文化的拆毀。西方對「現代主義」、「基督教信仰」很多的信念和價值觀都在質疑和拆毀中。中國也經歷了百年的解構局面：推翻清朝的封建制度、五四運動質疑中華傳統文化、共產革命全盤引進馬克思和列寧的政經架構、文化大革命是一場文化浩劫、經濟改革又引進了市場經濟……文化的根正在動搖，德育的根基不斷被拆毀。

九七回歸後，香港本身經歷政治、經濟、教育、醫療、社會福利、就業結構各方面的重建。其中出現的錯誤，是否全盤歸咎政府，或是指責為「官商勾結」？

青少年工作原來不單是一項微觀的個人生命工程，也是一項宏觀的「文化救贖」，不能忽視系統上、結構上的問題。

鼓勵參與，毋須過分保護

過去幾年，有機會從一個宏觀的角度檢視青年工作，更有機會參與青年政策的商討（被政府委任為「青年事務委員會」主席）。我最大的滿足，是青少年願意參與：從地區的青年論壇，以至一年一度的「青年高峰會議」，喜見青少年一年比一年投入，有信心、有內容的與行政長官、政府的局長、祕書長、署長及各界領袖對話，為青年政策提供意見。

其中有好些青少年已經連續四屆參與高峰會議，本來在台下旁聽、在小組討論時也未敢發言的，到後期參與研究、研討，並在台上與高官直接對話，都沒有懼色，言之有物。其中有一年更與上海、新加坡、首爾、金邊四個城市的青年對話，分享各地青少年參與社會的經驗。

最近一次「青年高峰會」的主題是「新一代的聲音和力量」，青少年熱烈討論如何可以在香港的政制改革、教育改革、傳媒監察和製作中增加參與的空間，發揮青年人的聲音和力量。政府已經承諾，將「青年論壇」建立為一個常設機制，成為一個青少年與政府及各界領袖對話、商討青年政策

的平台。

「突破」有一句名言：「與其咒詛黑暗，不如燃燒自己。」今天青少年有實踐的機會：與其袖手旁觀，不如投入參與。

我有幾次深刻的經歷，都是與青少年到國內及海外參與一些短期服務。每次都是由一小羣青少年策劃，往一些發展中的地區，協助當地的社區工作：到東馬來西亞的一個小鎮馬魯協辦一個訓練營、到柬埔寨金邊協助一個「人才資源中心」進行青少年培訓工作、到四川彝族區昭覺鎮協助一些青少年的就業培訓。

不管是出發前對當地文化的研討、培訓內容的準備，或到達現場後的跨文化交流與學習，以及回港後的檢討及反省，都在每個隊員心中留下不能磨滅的印象。有份參與的青少年各有不同的領受：更珍惜自己所擁有的機會、學會關懷一些發展中地區的青少年、再思自己的人生方向、更積極投入自己的學習及社區的服務……。

不要低估青少年在參與期間的學習和貢獻的動力；有時是身為父母、老師、青少年工作者過分保護他們，以致無意中扼殺了他們參與的空間，並且縮窄了他們的視野。

我認為有一點十分重要：參與過程中要好好裝備青少年。「聲音」不同「噪音」。聲音是經過研讀、思考、整理後才發出具建設性、具內容的意見。力量代表承擔——要發出聲音，也要將自己看見的方案付諸行動，有所承擔；否則只是一些局外的批判者，而不是局內的建設者。我常與年輕人共勉：不單要「有心」，還要「有料」！

在這個青年參與重建文化的年代，青年工作者的角色將有待重新評估及定位。

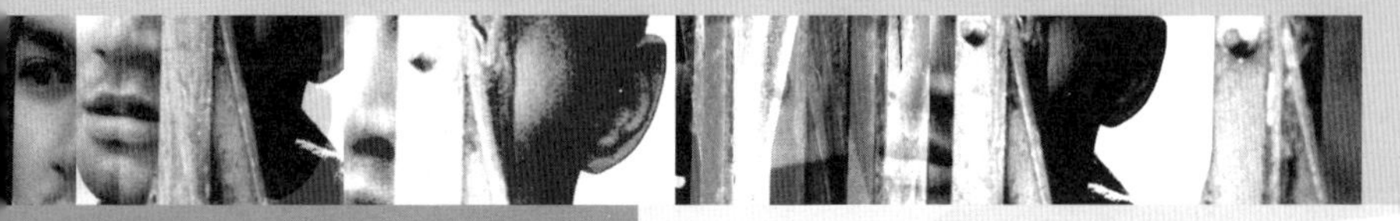

點滴反思

二千五百年前，尼希米重建耶路撒冷的故事深深影響着我。我重新思考一個城市的重建方向：硬件、軟件、人才、民生、心靈的重建，其中最為重要的是如何鼓勵青少年參與。

參與的空間不是賜予的，參與的平台乃要努力爭取。我們習慣了將青少年視作受眾，看為「問題」、看為客體（object）而不是主體（subject）！

因為我接受醫學訓練及心理輔導訓練，故此傾向從個人、從微觀的角度看青少年工作，很容易忽視了宏觀及結構性的社會問題、文化問題。在「突破」工作，因為與很多文化人、傳媒人合作，並肩作戰，就彌補了我的不足，開拓了我的視野。

尼希米是個有內省、注重屬靈操練的人，他不斷說：「神施恩的手幫助我。」同時，他是一個願意將概念化作行動的人，絕非是個紙上談兵的理論家。

我覺得自己生逢其時，活在一個香港和中國都在重建的年代，慶幸自己有機會在這個重建的過程中參與。我更喜見新一代的積極投入，對青少年滿懷盼望。我相信香港的青少年在城市的重建、國家的重建過程中，有重要的貢獻。

小組討論

1 你發現青少年當中有些被動、悲觀、倚賴的心態嗎？你知道這些心態背後的成因嗎？

2 青少年的個人成長只是一個起點，教育工作者還要問：培育他們成才是為了什麼？個人的成就不是最終目標，請探索青少年在香港社會、中國內地以至全球，可有參與的渠道和平台？

3 身為家長，你的子女在家中有沒有參與的空間？身為校長或老師，你覺得學生在校內有什麼參與渠道？身為青少年工作者，你怎樣激發青少年在社會中參與更多？

閱讀推介

柏祺著（2001），《城市人，城市心：同建合神心意的城市》。

香港：宣道出版社。

Bakke, Ray(1997). A Theology as Big as the City. USA: InterVarsity Press.

Dr. Ray Bakke 是一位我近距離接觸過、又十分欣賞的牧者和學者。他從《聖經》、教會歷史、宣教學、社會學、教牧學多個角度，探討城市是什麼？他本身在美國芝加哥城內當牧師約三十年，再踏遍全球各大城市，探討在不同文化中，如何建立伙伴，為重建城市而出力。這本書叫我從更積極的觀點看城市，叫我重新評估自己在香港的參與；亦堅定我的信念：青少年在城市中也有廣闊的參與空間。

フレンズ

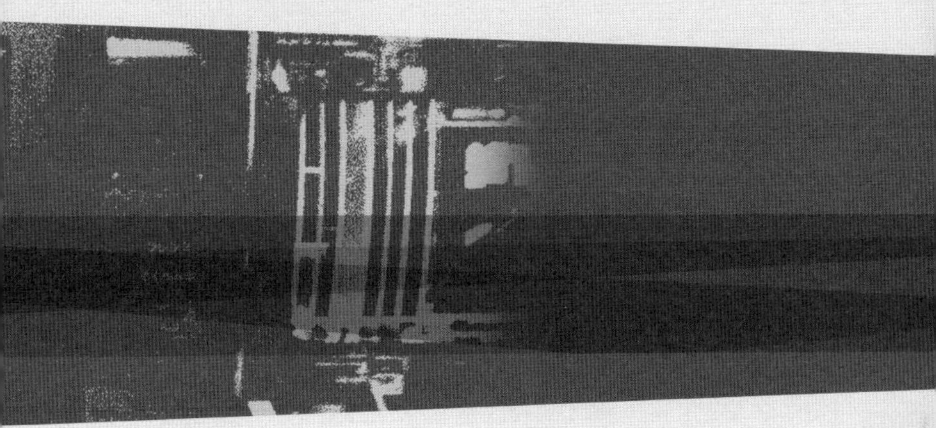

第7章
不聞不問的青少年

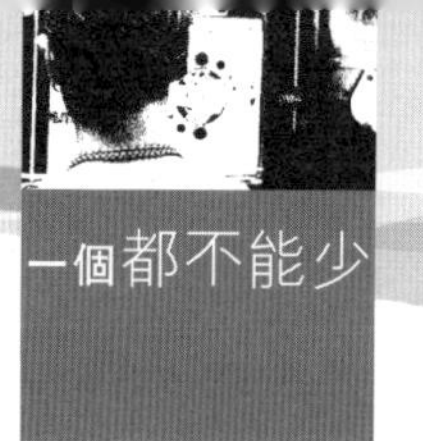

我曾經在香港、上海、多倫多、溫哥華、悉尼等城市向青少年發問：「你們將來面對的社會，總體來說是順境抑或是逆境？」大部分青少年都傾向估計將來面對逆境。在上海的一位青年人給我留下印象最深刻的答案：「我是生於順境，進入逆境。」

生於順境，進入逆境

對於一個獨生子，生於相對豐足的家庭內，受到父母、祖父母，外祖父母等長輩的呵護——在溫室中長大，不是一切順境嗎？不少青少年已預期升讀大學將面對劇烈的競爭，未來的就業市場也充滿不穩定的因素，還要面對全球的競爭，豈不是逆境？

全球經濟一體化帶來新的機遇，也加劇了貧富懸殊、弱肉強食的競爭性。全球的生態環境劇變，形成環境的逆境：溫室效應、環境污染、地震、海嘯、SARS、禽流感……。

「九一一」紐約世貿中心受襲，正是宣布「文明衝突」的年代臨到；「反恐戰爭」成為全球的危機，這是民與民、國

與國之間的明爭暗鬥時代。

生物工程科技帶來醫療界的突破，也製造了基因食物、複製動物、複製人等新的生活危機及道德問題。

中國踏進世界的經濟、政治、文化、體育、科技、太空探索等舞台，為世界增添色彩，是龍的世紀、抑或是「恐」龍世紀？已有不少國家視中國為威脅、視華人為競爭對手。

資訊科技改寫了人類的溝通、教育、娛樂、貿易模式，同時造成了資訊爆炸、資訊污染、數碼隔閡（digital divide）及網上沉溺。

在香港，我們發現有些青少年面對逆境時的適應力較低，面對挫折而出現抑鬱等問題，所以青少年工作者努力協助他們提升抗逆力（resilience），在逆境中生存，並且繼續上騰。

在逆境中還需要另外一種生命素質，就是曉得關心其他身陷困境的人——悲憫心腸（compassion）。這是一種對他

人的苦痛有敏銳的觸覺，願意同行、並伸出援手的素養。

憐憫身陷困境的人

香港人對南亞海嘯的反應十分熱烈，自發性的籌款活動持續兩個月，籌得款項近十億港元，可見香港人並非只是關心國內的振災活動，對其他國家民族也有一份關懷的心。

關心遠方的人十分重要，亦相對上比較容易；因為無須朝夕相對，只要捐出款項，便委託他人完成最艱巨的賑災或重建工作。更大的考驗其實是關懷身邊的人。

我愛看的《花生漫畫》，Charlie Brown 對 Lucy 説：「I love human kind, I just cannot stand you！」（我愛全人類，只是無法忍受你！）

耶穌講了一個全球流傳的短篇故事——好撒瑪利亞人，讓我再三反省自己是否真的有悲憫心，並思考如何培育青少年學習，關懷他們身邊以至遠方在苦難中的人。

有一個律法師起來試探耶穌，說：「夫子，我該做什麼才可以承受永生？」耶穌對他說：「律法上寫的是什麼？你念的是怎樣呢？」他回答說：「你要盡心、盡性、盡力、盡意愛主你的神；又要愛鄰舍如同自己。」耶穌說：「你回答的是。你這樣行，就必得永生。」那人要顯明自己有理，就對耶穌說：「誰是我的鄰舍呢？」耶穌回答說：「有一個人從耶路撒冷下耶利哥去，落在強盜手中。他們剝去他的衣裳，把他打個半死，就丟下他走了。偶然有一個祭司從這條路下來，看見他就從那邊過去了。又有一個利未人來到這地方，看見他，也照樣從那邊過去了。惟有一個撒瑪利亞人行路來到那裏，看見他就動了慈心，上前用油和酒倒在他的傷處，包裹好了，扶他騎上自己的牲口，帶到店裏去照應他。第二天拿出二錢銀子來，交給店主，說：『你且照應他，此外所費用的，我回來必還你。』你想，這三個人哪一個是落在強盜手中的鄰舍呢？」他說：「是憐憫他的。」耶穌說：「你去照樣行吧。」*(〈路加福音〉10章25至37)*

當年的宗教領袖經常想盡辦法來刁難耶穌，這位律法師精通猶太人的律法、經典和傳統，耶穌反問他的律法問題當

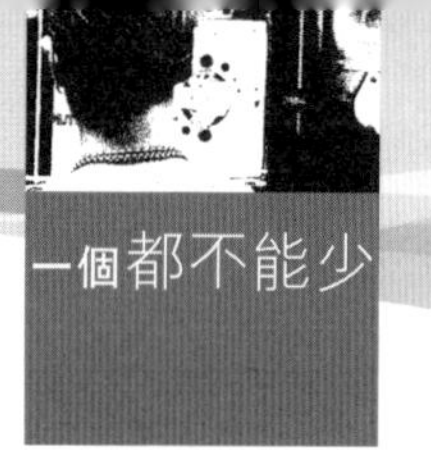

然難不倒他。他給了一個絕對標準、滿分的答案：愛神、愛鄰舍如自己便可以得永生。

很多人都會背誦一些標準答案，但關鍵是對律法的理解及如何實踐的問題。耶穌挑戰這位專家的，是他的行為與他背誦的信條是否一致。這位律法專家再質詢耶穌對鄰舍的理解，問了一個精彩的問題：「誰是我的鄰舍呢？」

誰是我的鄰舍？

當代的社會及宗教領袖將人分等級、類別：他們有選擇地與人為友；他們不願接近一些非我族類的、他們視為「不潔的」、「犯罪的」、痲瘋的、「鬼附的」、職業不正當的……；他們不會與「敵人」交往，劃清界線。

耶穌的故事反映當代的實況。兩位維護正統的宗教領袖，可能考慮自身的安全問題，或是傳統習俗、宗教的原因，看見那個躺在路上被賊人搶劫的傷者就繞道而過，視若無睹。反而是一個被猶太人看不起的異族人——撒瑪利亞人——看見那傷者就「動了慈心」，立即將悲憫化作行動，為他療傷，

讓傷者騎上自己的牲口，又不畏懼強盜再來襲擊，冒險護送他到店裏休養，還付錢給店主，更承諾回程時會支付一切所需的費用。

耶穌將律法師的問題反過來問：不是「誰是我的鄰舍？」，而是「誰是那位傷者的鄰舍？」成為他人的鄰舍是一個自己作主動的選擇，行動的背後是一顆心——悲憫的心！

悲憫心是內在的生命素質，助人行動是內裏素質的表現。

「愛鄰舍如同自己」，豈是一條沒有生命力的律法這麼簡單！在這個充滿可預測的逆境、每天都出現不可測的苦難的世界，新一代不單需要抗逆力，更要具備一顆悲憫心。

與傷痛的人同行

我們不是要尋求苦難，卻在人生路上總會遇上苦難中人，或是本身經歷苦難。我們對苦難中人的回應，顯示我們是否有悲憫心；我們對臨到自己身上的苦難的承擔力和反彈力，顯示我們有多少抗逆力。

香港是一個苦難相對稀少的地方：新一代從未經歷過戰亂、七十年代開始經濟起飛、九七回歸並未帶來預期的「災難」、亞洲金融風暴打擊時間有限、「九一一」對香港仍是感覺遙遠，香港未受「恐怖襲擊」威脅；南亞海嘯亦未見嚴重的切膚之痛；比較直接打擊全港市民的，反而是2003年「非典型肺炎」襲港的一百天。

SARS為香港帶來可怖的一百天，全城人都戴上口罩，也帶來最感人的幾個月。全城爭拗的聲浪往下調，前線醫療人員奮勇作戰。謝婉雯自願入到SARS病房，最後感染喪生，留下不朽的故事。官商民携手抗炎，傳媒不斷表揚前線工作者，家人在隔離營中珍惜共聚時間，香港人流露出珍惜生命、憐憫他人的真情。

那段時間，「突破」同工亦參與一些義務工作：與商界合作送禮品給前線工作者、製作錄像傳達安慰信息、網上與青少年交談輔導、到醫院提供視像探訪病者服務，因此有機會接觸一些病患者的家眷。其中的一個SARS患者家庭成為我們的好朋友。這個家庭的男主人由於北上公幹，在機上感染

了 SARS ，不幸在醫院不治離世。我有機會認識了他的太太及兩個女兒：Karen 、 Petrina 、 Ariel 。

Karen 告訴我，她在丈夫臨終最後兩小時才有機會進入深切治療病房探望。稀奇的是，她丈夫十分平靜，原來有院牧探望他，並且讓他接受基督，經歷了出人意外的平安。 Karen 卻是極度悲傷、十分憤怒：對醫院、對天、對神不斷質詢：「Why would you take my husband away！」（神啊，你為什麼要奪去我的丈夫？）

她的兩個女兒要讀《聖經》，尋找爸爸的神為什麼要將爸爸帶走。她們發現，這位神卻是慈愛的，爸爸已進到天父懷中安息。她們告訴媽媽：「Don't cry, you still have us; and Jesus is with us. Daddy is still with us, he is not coming home for supper and sleep with us！」（不要哭，你還有我們兩個；耶穌也伴着我們。爸爸也是與我們同在，只是他暫時不回家吃飯和睡覺罷了！）

Karen 也遇到了丈夫和女兒的神，她的心境逐漸平復。我看見她們三人的生命深深結連起來；她的鄰舍以愛心支援她們；她的親人從遠方不住的安慰。「突破」的羣體也與她們三人結連，藉生命深入交流，經歷一種默然的愛。Karen、Petrina、Ariel 親身體驗到什麼是「鄰舍」、什麼是羣體、什麼是憐憫、什麼是愛與被愛！

Karen 和她的女兒，將這個美麗的故事以詩、文字和圖畫記載下來，成為當時全港最暢銷的一本書：《好爸爸·忘不了》（*Too Nice to be Forgotten*）。

未必察覺旁人的需要

青少年未必曉得珍惜身邊的人：父母的愛、兄弟之情、老師的關顧……似乎都是理所當然的，他們也未必察覺到身旁的人有什麼需要支援的地方。

我們曾經安排青少年到安老院做義工、往療養院探望殘障人士、進入懲教所內與青少年交流；亦飛往柬埔寨與當地的少年人共同生活，有機會親自目睹當地的屠殺歷史；又到四川的彝族探望農村長大的孩子……。每個人都有憐憫的心，有時需要進入一些真實的場景，讓遠方的人分享他們生命中的掙扎與苦難，激發我們那麻木了的心腸。

SARS 讓我們學習珍惜生命、珍惜身邊的人。與青少年暫離安舒的環境，進到一些苦難的現場，反而讓他們體驗到這個美麗的世界同時是一個苦難充斥的世界——他們的心可能會甦醒過來！

生於憂患，死於安逸。我們珍惜香港的繁榮安定，卻不要容許這種安逸的生活，遮蓋了我們的眼睛，未能看清楚這個世界真實的一面。

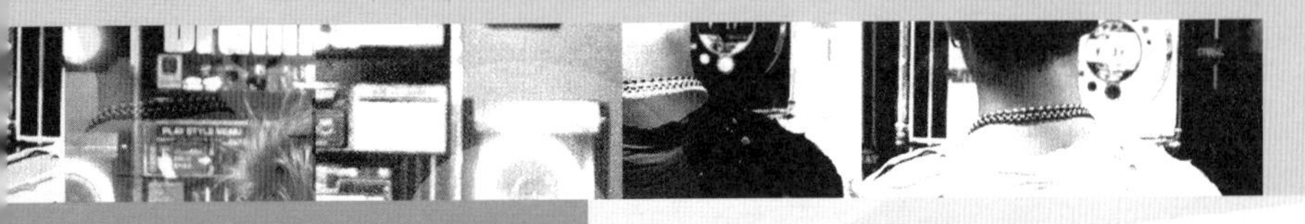

點滴反思

我也是戰後誕生的一代，從沒經歷過戰火，亦未感受過什麼是飢寒交迫。從小母親教導過，不要找麻煩，所以我相信自己也屬於看見強盜傷人便繞道而行的人。

「我是誰的鄰舍？」是一個好問題，我要經歷心靈的甦醒——裏面那顆憐憫的心要復活過來——才有勇氣進入苦難的現場，感受他人的苦痛，陪伴他們同行。

最近我身邊的至親患病，包括年老的父親、自己的媳婦、兒子。我知道我是他們的鄰舍，不能將關顧他們的事「外判」（由他人承擔）。

有少年人在我家中暫住的那幾年，他們也改變了我對成長的觀感。雖然我仍相信每周一次在輔導室進行的專業輔導，但是每個青少年在成長歷程中都需要同行者。誰是他們的鄰舍？

小組討論

1 請回答這個問題：「我是誰的鄰舍？」他們在哪裏？家中、學校、辦公室、遠方、近處？

2 身為父母，怎樣可以幫助子女走出安逸，走進苦難現場，體驗一下這個城市、我們國家、這個世界真實的一面？

3 身為青少年工作者，應該如何激發青少年憐憫的心，讓他們學習成為他人的「鄰舍」、同行者？

閱讀推介

朱家妤、朱家彣著（2003），《好爸爸．忘不了》。
香港：突破出版社。

這本書的詩和畫，出自九歲和七歲的 Petrina 和 Ariel 手筆，訴説她們對父親的真情、對天父的純真。SARS 奪去了她們的父親，但是父親仍活在她們的心內，她們並將父親的教導保存下來，傳流出去。我第一次看這本書的手稿已經深深的觸動，因為我親自目擊她們母女三人走過這段人生的苦路，同時經歷意想不到的愛與平安。讓她們親自向你講述SARS的故事：是苦難、是真情、是信心、是盼望的故事。

第8章
追求「**出位**」的年輕人

成長路的掙扎

少年期是成長的暴風期：身體急促生長、性荷爾蒙分泌上升、開始探索性別身分和兩性關係、嘗試掙脫對父母的依附、爭取自主獨立、情緒起伏、心志未定、價值觀在形成中、開始探索未來召命、好奇心強、可塑性高、潛能更多顯露、時而自高、忽然自卑、懼怕權威、也反抗權威……。

家境較佳的父母，有時會很早將子女送到外國升學，避開香港會考及大學入學試的競爭，亦相信外國教育制度更可信。子女隻身飄洋過海，面對花花世界，而且西方的價值觀、家庭觀、道德觀都在解構及重建中；同輩中亦有不少傾向個人主義、消費主義、自由主義的後現代生活模式——在文化適應、文明衝突上可能要費不少氣力。如果在當地找到可靠的支持系統，則有助成長上的過渡。

最大的挑戰是來自內心，而且不要忘記那隱形的敵人——撒但。他的名字是撒謊者、試探者、控訴者；「遍地游行、尋找可吞吃的人。」（〈彼得前書〉5章8節）

每個少年人都有心底夢，有本身的召命，在成長路上可能遇到試探、走了岔路，未能踏上自己的人生路。試探會將注意力轉移，叫一個人迷失了應有的方向。

一個人被試探迷惑，會怨神怨鬼、怨天尤人，但最終自己是要負責的：「但各人被試探，乃是被自己的私慾牽引誘惑的。私慾既懷了胎，就生出罪來，罪既長成，就生出死來。」(〈雅各書〉1章14至16節）始祖亞當犯罪、將責任推給夏娃，夏娃再將責任推給那條引誘她的「蛇」，最終神仍是要亞當和夏娃承擔個人責任。

昔日耶穌降世為人，亦具備了每個人的共同特質：有私慾、有個人意願、有自由的意志，亦要面對撒但的試探。耶穌到了三十歲才正式開展他的佈道、教導、醫病生涯，啟步之前曾在曠野內受到魔鬼的試探。這段記載，對於明白青少年成長的掙扎很有幫助。

外來的引誘與內裏的慾望

耶穌被聖靈充滿，從約但河回來，聖靈將他引到曠野，四十天受魔鬼的試探。那些日子沒有吃什麼。日子滿了，他就餓了。魔鬼對他說：「你若是神的兒子，可以吩咐這塊石頭變成食物。」耶穌回答說：「經上記着說：『人活着不是單靠食物，乃是靠神口裏所出的一切話。』」魔鬼又領他上了高山，霎時間把天下的萬國都指給他看，對他說：「這一切權柄、榮華，我都要給你，因為這原是交付我的，我願意給誰就給誰。你若在我面前下拜，這都要歸你。」耶穌說：「經上記着說：『當拜主你的神，單要事奉他。』」魔鬼又領他到耶路撒冷去，叫他站在殿頂上（「頂」原文作「翅」），對他說：「你若是神的兒子，可以從這裏跳下去；因為經上記着說：『主要為你吩咐他的使者保護你。他們要用手托着你，免得你的腳碰在石頭上。』」耶穌對他說：「經上說：『不可試探主你的神。』」魔鬼用完了各樣的試探，就暫時離開耶穌。耶穌滿有聖靈的能力，回到加利利，他的名聲就傳遍了四方。他在各會堂裏教訓人，眾人都稱讚他。*（〈路加福音〉4章1至15節）*

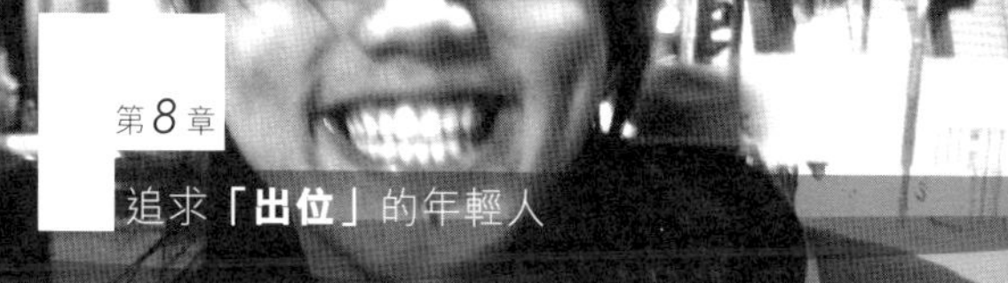

撒但是高手，它明白人內心的深層結構；外來的引誘總是針對人心底裏的慾望：「肉體的情慾、眼目的情慾和今生的驕傲」(〈約翰一書〉2章16節)。撒但先前試探亞當和夏娃，後來試探耶穌，伎倆有雷同之處，目標也相同：轉移(distraction)他們的人生方向，走一條與神為敵的路。

耶穌在曠野裏禁食一段時期，當前最需要的東西似乎是食物，撒但的建議很合邏輯、很適切人的需求。耶穌當時最需要的是食物嗎？他有自省的能力——退到安靜之處，是尋求更深層的需求和意義；禁食也是為了更清心自省，與神相遇。

每個人都需要食物，但是這些眼見的、肉身的需求，不可能成為惟一的人生目標。耶穌用《聖經》的話回應：「人活着不是單靠食物，乃是靠神口裏所出的一切話。」

為了滿足眼前的肉體、物質需求，人往往忽視了更深層的需求、人生意義的追求。人生的優先次序很易被顛倒。

世上的榮華及權力是耀眼的，撒但提供一條捷徑，讓人

得到即時的成功：它引誘夏娃，用的是「悅人眼目」的果子，吃了「眼睛就明亮」。它將天下萬國指給耶穌看：「這一切權柄榮華，我都要給你，因為這原是交付我的，我願意給誰就給誰。你若在我面前下拜，這都要歸你。」

耶穌認定自己的使命：是上十字架，讓人的罪得赦免、與神的關係得復和。他清楚權力的源頭只有一個，都是從神來的；撒但的權力是搶奪回來的、是短暫的。只有一個是耶穌要順從、事奉的——天上的父神。

香港是一個講求效率、追求即時成功的社會。後現代是一個相信眼目、相信此刻的一代。長遠要付代價的召命，一定不及當前的榮華、權柄那麼吸引。耶穌的抉擇，似乎愚昧不堪。

第三個試探被稱為「凸顯個人的試探」（是盧雲教授所指的the temptation to be spectacular），十分迎合這個追求「出位」的年代。從殿頂跳下去而安全着陸的話，一定能上報章的頭條，一舉成名。每個人都有「今生的驕傲」的慾念，「知

名度」是十分吸引人的，這是不容易跨越的一關。

耶穌沒有被這些試探牽動，走捷徑、走岔路，他認定自己是誰、他的召命是什麼、他要事奉的是誰。魔鬼只是暫時離開耶穌，從沒有停止干擾、試探、威逼、利誘的工作。

耶穌滿有從神而來的能力，往後亦因此得到他不曾追逐的「名聲」，以及「眾人的稱讚」，這些也成為了他的試探。這個短短的記載盡顯了耶穌的人性，也勾勒出每個人在人生路上必然面對的挑戰，以及內裏的掙扎。

曠野本是安靜之所、無人之地；在那裏，內裏的爭戰仍然激烈，依然無法逃避人生的考驗和試探。

無法逃避考驗和試探

我相信每個青少年都有他的獨特能力，並且有他自己的一生召命，只是人生路上滿佈令人分心的試探，內心湧現不為人知的掙扎。只有戰勝這些試探，才會在人生召命的路上穩步前行。

香港是一個充滿誘惑的城市，到處都是一些叫青少年分心的信息和場所；向青少年的「眼目情慾、肉體情慾、今生驕傲」發出不間斷的挑戰。有誰不被那些充滿挑撥性的廣告吸引？青少年怎能逃脱那些誘人的商場的呼喚？報章及雜誌都充斥惑人眼目的圖片與報道，網上更是充滿了免費的刺激遊戲和色情資訊；聲色繽紛的娛樂場所、朋友的唆擺、偶像和「成功人士」的生活方式……都不斷向青少年的腦袋與情慾猛烈攻擊！

Dr. Richard Foster 寫了一本書 *Money, Power, Sex*，描繪這個世代的誘惑。我親眼見到少年人掉進賭波的陷阱，是為了快錢、為了刺激；一位單純的青年人告訴我，他在過去幾個月情不自禁地每天到色情網頁瀏覽；一位少年人放棄了讀書的時間，每天幾小時在網上參與全球的「打機」競賽，是那種「成功感」、「權力感」、「知名度」叫他不能自拔；另有一位少女如此自白：她上網是為了結交男朋友，現在她「愈來愈壞了」！

青少年真的不能勝過「眼目的情慾、肉體的情慾、今生

的驕傲」所帶來的試探嗎？

不一定吧！我看見更多成功的例子：他們都有清晰的人生目標、有裝備自己的決心、有從旁支援的朋友、有堅定的信念、有信仰而來的心靈力量。

清晰的人生目標

中國田徑運動選手劉翔一鳴驚人，以打平世界紀錄的成績奪得雅典奧運110米跨欄金牌。劉翔到香港表演，在政府大球場一展歌喉，令唱片公司垂青，請他簽約為演唱歌星。劉翔說：「我實在喜歡我的高欄！」他決定回國埋頭苦練，再在田徑場上奔馳。我又想起多個為自己的召命堅持、直跑到底的人物：

◇ Eric Liddell——（電影 *Chariot of Fire* 主角之一）他說：「God made me fast - I run for God！」（神使我健步如飛——我為神奔跑！）他後來在日本當宣教士，繼續為神奔跑。

◇ 潘霍華（Dietrich Bonhoeffer）——他婉拒美國神學院的邀請，在納粹統治的危機下回國，為教會及神學教育出力；最後死於

納粹集中營，留下重要著作。

◇ 曼德拉（Nelson Mandela）——曾經試圖以暴力手段爭取南非黑人自由，後來被囚廿七年；終以和平方法，成為南非第一位黑人總統。

◇ 李垂誼——哈佛商學院畢業後，投身商界，想不到毅然離棄商界的工作，重拾大提琴；今天成為世界樂壇上頂尖的大提琴演奏家之一。

◇ 黃金寶——讀書並非他的專長，他找到自己的人生路向，在單車場上踏出彩虹。

◇ 幾位不知名的「福音戒毒」工作者——曾經為了錢、名、權利，走上吸毒及黑社會的路；最後回頭，投身福音戒毒工作，建立青少年的生命。

◇ Jean Vanier ——曾在多倫多大學任教，後來返回家鄉法國，開始服侍殘障人士。今天在世界各國，都建立了類似的傷殘人士羣體（L' Arche）。

◇ 劉俠（杏林子）——少年時已經患上嚴重的類風濕性關節炎，差不多全身每個關節都受損，不能行動，卻成立「伊甸」——服侍殘障人士，自己也成為知名的散文作家。

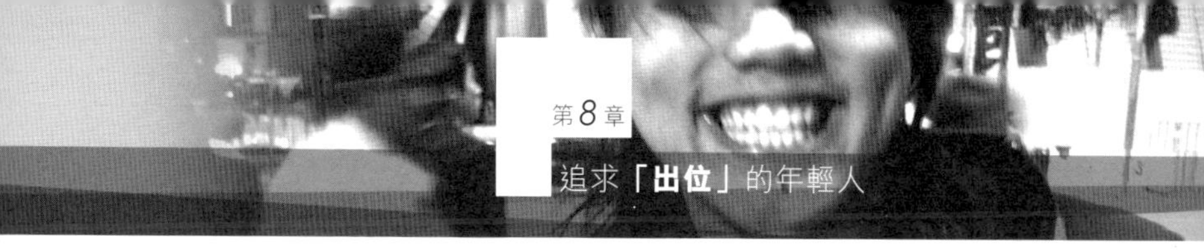

這些人走在我們前面，留下感人的腳蹤。他們都曾經面對諸般考驗和試探，叫他們分心，或放棄自己，但最終他們還是戰勝試探，在自己的人生召命上堅持到底，活得精彩！

我仍然與青少年分享一個信息：「敢夢、敢愛、敢飛」——在成長路上必有掙扎、必有試探、仍有逆境。可以跌倒、不容放棄——不忘那從上頭而來的能力。

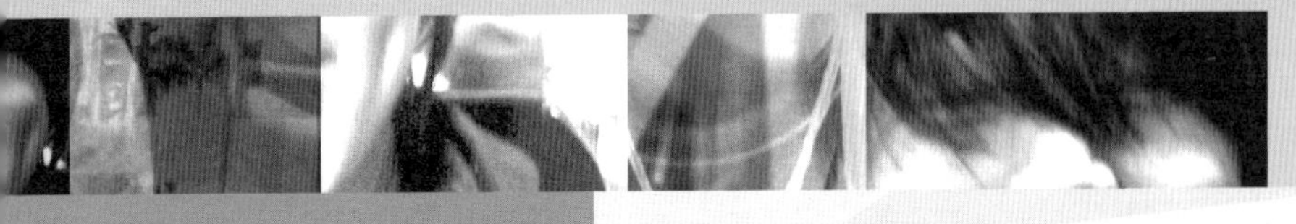

點滴反思

今天，我很清楚自己的召命：是一個青少年工作者。但走在這條路上不是沒有掙扎的。

高中期間，一直嚮往成為醫生，投考香港大學失敗，曾經氣餒，方向迷失。後來在加拿大考進醫學院，十分興奮。得到醫學院的教授賞識，滿以為一直進修，繼續完成內科專科深造後，再思前路。誰知醫學院畢業後，回到香港行醫，更想不到中途遇上「突破」的早期戰友，開始踏上青少年工作這條路。其間我也曾在十字路口徘徊：我十分喜歡醫療工作，同時又聽到內心的呼喚、青少年的吶喊。我曾退到「曠野」一年多，一方面接受心理學及神學訓練，一方面靜思、接受輔導——我在問：我真的是適合做青少年工作的材料嗎？他人都以為我是個很有自信的人，其實我有怯懦的一面：我可以嗎？我有這份能力嗎？青少年接納我嗎？父親原諒我嗎？……。

Dr. Parker Palmer 說得好，除了名、利、權力、情慾等試探外，還有一項試探──「自覺不足的試探」──我是不能的、我是沒有召命的、我是沒有貢獻的……。

在這條路上，我也遇到一些有心人的邀請：做青少年工作該差不多了吧，是時間接受一些新的挑戰、新的崗位。對我來說，名和利不是最大的試探；權力有一定的吸引力，卻不是最叫我嚮往的；反而是「還有一些更有重大意義的工作，非要你去承擔不可」！這乃是「今生的驕傲」──更大意義？非我莫屬？

每個召命都有最大的意義！最重要的是哪個才是屬於你的召命？我不能接受引誘，去做一些更偉大、更有意義的工作；我只須忠於自己的召命，忠於那呼召我的神。

三十一年了，我仍然看見青少年工作滿有意義；我仍然堅信，青少年是社會不可或缺的領袖，他們每一個都有自己的才能與召命──一個都不能少！

小組討論

1 在你個人的成長路上，曾遭遇過一些令你分心，甚至迷路的試探嗎？可否分享你內心的掙扎？你如何勝過試探？

2 身為父母，你觀察到子女面臨的種種引誘嗎？其中一些試探，是否你自己也有份參與其中？

3 青少年工作者不是要將青少年關起來，把他們與一切試探隔絕，這是不可能的；然而，卻要思考如何裝備他們去面對人生路上必然遇到的試探？

閱讀推介

Palmer, Parker J.(1999). The Active Life: A spirituality of work, creativity, and caring.
USA: Wiley, John & Sons, Incorporated.

Dr. Parker Palmer 是一位知名的基督徒教育家，他的著作被評選為對北美大專教育最具影響力的書之一。他對教育下一代的理念、對身為教師的內心掙扎、對信仰與教育的結合、對召命的追尋，都有深入的洞見。他自己也是從抑鬱的幽谷中找到自己的召命。

我寫這本書時，無論在風格上、內容上都深受 Dr. Palmer 的 *The Active Life* 影響，這是一本值得再三細讀的好書，對青少年工作者很有甦醒的功能。

w.sbc.com.hk

第9章
在異鄉成長的少年

香港成長的新一代有幾項特色，身為父母或青少年工作者要了解他們的處境，進而明白他們面臨的挑戰。

三種挑戰

新一代的流動性高：有很多是從中國內地來港，與家人團聚定居的；也有土生土長的一代，居所經常遷移，學校不斷轉變，同學並不一定並肩同校直升，朋友也改變；有部分少年人初中或高中已經出國念書；本地讀書的，未來的工作也將經常北上或飛往外國。一家人極有可能散居地球幾大洲，難得一聚。

新一代面對的是一個多元文化的社會和世界，傳媒從孩童期開始已將他們國際化：荷李活電影、日本漫畫、韓劇、海峽兩岸的劇集、港產電影及流行曲、西班牙與英國超級足球聯賽、美國 NBA 籃球、數不盡的有線和衛星電視台、網上無國界的瀏覽和交談……香港本身的政制和教育制度已經是結合了英國、美國、中國、澳洲、日本等多元文化的特色，每個孩子都要學兩文三語，身邊亦常有機會接觸新來港居民、南亞裔居民、菲傭、印傭、泰傭，以及來自全球的上班族和

遊客。青少年到國內及海外旅遊或交流的機會也不斷增加。

新一代的個人空間不多。香港的居住環境狹窄，在全球數一數二，很難找到私人空間。青少年的時間表也是「密不透風」的：沉重的功課壓力；課餘活動、補習學琴；看電視、電影；往卡啦OK、演唱會；上網、參加青年中心活動、制服團體活動、教會活動……哪來個人安靜的空間？

青少年成長，是一個不斷吸收新知識、把知識內化再實踐的過程；是一個不斷接觸不同的人、學習人際相處、建立深入關係的旅程；是一個探索身分、肯定自己的身分、尋找自己的召命並付諸行動的過程。這都需要個人獨處（solitude）的空間，反省、整理並內化，將自己的生命深化；也需要羣體（community）的扶持和守望，滿足愛與被愛的需要，也避免個人的盲點和沉溺行為變為成長的障礙。

沒有忘本

《聖經》裏有一個人物，叫我十分驚訝，因為他少年時已經漂流異鄉，又經歷亡國之苦；在外國定居，卻仍然找到自

己的定位與召命。但以理在公元前 605 年被巴比倫帝國從猶大耶路撒冷俘擄，當時他只有十六歲左右。他經歷了猶大被攻陷、國破家亡之苦，卻在巴比倫王國接受教育。其後當上高官，再目睹巴比倫亡國崩潰，後期在波斯宮廷侍奉。他還見證猶太人在被擄七十年之後，歸回重建耶路撒冷那段歷史，得享高壽才安息。我嘗試在這個人物身上尋找青少年成長可以借鏡的地方。

但以理其中一項令我十分驚訝並欽佩的素質，是他的多元文化素養。他精通巴比倫語言和文字，同時沒有忘記猶太的文化與文字，他寫〈但以理書〉就用了兩種語文，以優美的詞彙來表達。他後期在波斯宮廷當官，再增添另一種文化。但以理是個胸懷多元文化的猶太裔人，並且在當時強大的國家中承擔政治重任。

一個人失去記憶便是「忘本」，但以理沒有「失憶」，他繼續閱讀以色列的經典及歷史，並留意當代先知所傳的信息。他亦沒有忘記自己是上帝的子民。他的身分是多重的，卻沒有混淆！

猶大王約雅敬在位第三年，巴比倫王尼布甲尼撒來到耶路撒冷，將城圍困。主將猶大王約雅敬，並神殿中器皿的幾分交付他手，他就把這器皿帶到示拿地，收入他神的廟裏，放在他神的庫中。王吩咐太監長亞施毘拿從以色列人的宗室和貴冑中帶進幾個人來，就是年少沒有殘疾、相貌俊美、通達各樣學問、知識聰明俱備、足能侍立在王宮裏的，要教他們迦勒底的文字言語。王派定將自己所用的膳和所飲的酒，每日賜他們一分，養他們三年。滿了三年，好叫他們在王面前侍立。他們中間有猶大族的人：但以理、哈拿尼雅、米沙利、亞撒利雅。太監長給他們起名，稱但以理為伯提沙撒，稱哈拿尼雅為沙得拉，稱米沙利為米煞，稱亞撒利雅為亞伯尼歌。*（〈但以理書〉1章1至7節）*

這四個少年人，神在各樣文字學問（「學問」原文作「智慧」）賜給他們聰明知識；但以理又明白各樣的異象和夢兆。尼布甲尼撒王預定帶進少年人來的日期滿了，太監長就把他們帶到王面前。王與他們談論，見少年人中無一人能比但以理、哈拿尼雅、米沙利、亞撒利雅，所以留他們在王面前侍立。王考問他們一切事，就見他們的智慧聰明比通國的術士

和用法術的勝過十倍。到塞魯士王元年，但以理還在。*（〈但以理書〉1章17至21節）*

尼布甲尼撒在位第二年，他做了夢，心裏煩亂，不能睡覺。王吩咐人將術士、用法術的、行邪術的和迦勒底人召來，要他們將王的夢告訴王。他們就來站在王前。……但以理回到他的居所，將這事告訴他的同伴哈拿尼雅、米沙利、亞撒利雅，要他們祈求天上的神施憐憫，將這奧祕的事指明，免得但以理和他的同伴與巴比倫其餘的哲士一同滅亡。這奧祕的事就在夜間異象中給但以理顯明，但以理便稱頌天上的神。但以理說：「神的名是應當稱頌的，從亙古直到永遠！因為智慧能力都屬乎他。他改變時候、日期，廢王、立王，將智慧賜與智慧人，將知識賜與聰明人。他顯明深奧隱祕的事，知道暗中所有的，光明也與他同居。我列祖的神阿，我感謝你，讚美你，因你將智慧才能賜給我，允准我們所求的，把王的事給我們指明。」*（〈但以理書〉2章1至2節；17至23節）*

近朱者赤

昔日巴比倫將最優秀的人才俘擄到本國，再培育為己用。從但以理的臨危不亂、超卓的學習能力、穩固的個人信念及價值觀，已經可以揣測，他一定是名門望族之後，在家庭成長的年日中曾接受良好的家庭教育，奠定了一個穩固的成長根基。

少年期十分重要的人物是身邊的朋友。少年人會「離開父母」，不像孩童期那種近乎依附父母的關係，但是父母一定要關心少年子女與什麼人為伴，所謂「近朱者赤，近墨者黑」，我相信「孟母三遷」也是為了尋找適合的成長伙伴與環境給兒子。

我對但以理和他三個朋友的關係十分有興趣：四個都是出類拔萃的「尖子」，在異國文化的教育下，依然無懼外國語文及文化的挑戰，能夠跳出自己的文化框框，成為跨文化、多元文化的人。我相信，他們一定成立了四人的研讀小組，彼此激勵切磋，在學問上成為彼此支援的同學及伙伴。他們四人能夠脫穎而出，是神賜的聰明，也不能忽視相互的勉勵。

羣體生活不單是共同學習，也是一種互信、互愛的深交關係。家庭是一個人的第一個羣體，離家在外漂泊則需要另一個羣體的心靈支援。但以理和三個朋友，在危機中反映出一種深交的關係：尼布甲尼撒王要他的哲士、術士為他解釋一個他已忘記了的夢，並且下令殺掉所有不能成功解夢的人，但以理等四人亦不能倖免。在危機中孤身面對會加倍困難，有彼此信任的人結伴同行才容易走出幽谷。

但以理的三個朋友很明顯都具備內在的抗逆力，他們日後經歷被拋進火爐的嚴峻考驗，依然屹立不倒。有一個支援的羣體、共同持守信念、能夠坦誠地彼此傾訴，是戰勝逆境的重要因素。

深入自省帶來的力量

但以理知道這禁令蓋了玉璽，就到自己家裏（他樓上的窗戶開向耶路撒冷），一日三次雙膝跪在他神面前，禱告感謝，與素常一樣。 ***（〈但以理書〉6章10節）***

瑪代族亞哈隨魯的兒子大利烏立為迦勒底國的王元年，

就是他在位第一年，我但以理從書上得知耶和華的話臨到先知耶利米，論耶路撒冷荒涼的年數，七十年為滿。我便禁食，披麻蒙灰，定意向主神祈禱懇求。我向耶和華我的神祈禱、認罪說：「主阿，大而可畏的神，向愛主守主誡命的人，守約施慈愛。我們犯罪作孽，行惡叛逆，偏離你的誡命典章。沒有聽從你僕人眾先知，奉你名向我們君王、首領、列祖和國中一切百姓所說的話……」*(〈但以理書〉9章1至6節)*

人害怕孤獨，也不敢獨處，獨處中難以逃避面對自己，包括內裏的幽暗與創傷。

人不曉得安靜——不是一片空白便是胡思亂想；安靜時內裏的聲音更加嘈雜。

但以理卻是一個曉得獨處和安靜的人。他獨處時會回顧歷史，不忘自己的家鄉耶路撒冷；他會看書讀經，不會輕看先知存留下來的說話。他會恆常保持心靈的操練，向他的神禱告。他不單面對自己的幽暗，還與他列祖的罪孽認同，謙卑禱告，求神赦免。他身處異邦，仍然不忘自己的家國，並

且在先知的話裏得到盼望──耶路撒冷荒涼的日子總會結束。

獨處並非孤獨，而是在安靜中回歸，經歷神靈的同在。曉得獨處的人處變不驚，常有盼望，生命有深度，有智慧洞察世事。

少年但以理成為戰俘後能夠在敵國中找到生存空間，並且跨越文化，成為一個真正的國際人，又能保存家國之情，是我最敬佩的歷史人物之一。

羣體生活

後現代將個人主義推到極端，什麼都以自己的感覺為最終判斷，造成人與人之間空前的疏離。在極度個人主義的西方世界，忽然湧現眾多作者探討什麼是羣體：Jean Vanier、Henri Nouwen、Scott Peck、Thomas Moore、Elizabeth O'Connor、Larry Crabb……。我喜歡看他們的書，因為我也有羣體生活的渴求。

我父一家六口算是融洽，卻不十分親密，因為父親航海，

而弟妹和我的年齡有相當距離。我到加拿大溫尼泊念書，卻在那裏經歷到最溫暖的羣體生活。可能因為我是個青年學生，沒有什麼包袱，也可能當地十分清靜，民風淳樸；加上遇到一羣有共同信仰的留學生，幾年間結交了一班肝膽相照的朋友。

學生生活十分簡單，彼此激勵下，讀書相當投入並享受，而且各自精彩，在不同專科上都取得優異成績。每個星期除了上課外，還一起禱告、敬拜，一同做夢。沒想到在念書的日子能夠一同出版雜誌，一同到唐人街探訪老人家，在暑假一同駕車往其他城市探訪各校園的團契，在街頭派單張……。

朋友共聚，無所不談：從家事、國事、天下事，到戀愛的歷程、明天的夢。那段日子是中國經歷文革的時期，那是Martin Luther King和John and Robert Kennedy在美國做夢的日子，那是中東「六日戰爭」的年代，是中國女排首次奪標的日子，是一個做夢的年代！

羣體中總會出現衝突，我遇上多少「性格巨星」(包括自

己在內），經常會有吵鬧，卻總能夠復和，最大的學習是饒恕和包容。四十年後，到全球各地奔跑，仍然遇上當年的深交，仍是情同一家人，彼此仍可交心。

新一代的青少年有很多機會北上進修或就業，到海外留學的也不少。到外地學習不同的文化，擴闊視野是值得鼓勵的；但是年紀太輕，心志尚未成熟，價值觀亦未穩固，則有一定的危險，有可能陷於不同的誘惑中，失去自己的方向。

很多父母與我商討，他們的子女到外地留學要關注什麼。我認為學校的學術水平及校風都很重要，還要留意當地有沒有良好的家庭協助接待與關顧。能夠找到好的朋輩彼此支援，有好的教會或團契，成為屬靈的家，都是值得留意的保護元素。事實上，飄洋過海的青少年，其羣體生活是支持他們成長的重要一環。我的兩個兒子後來升學，也是回到溫尼泊，回到我的母校就讀。誠然，有人選大學先選名氣、學術排名，我卻認為羣體比名牌更重要。生命影響生命，在一個生命深入交流，又與生命的主結連的羣體中，一個人的成長就有根基。

沒有興趣獨處？

因為少年人怕悶，所以我們以為他們一定不願獨處，但獨處其實並不沉悶。

在「突破」的青少年營會內，少年人的回應表格中顯示，他們最喜歡的項目包括野外安靜、山上徹夜獨處。

最近一次在上海舉行「國際華人青年領袖訓練營」，我選了 Dr. Parker Palmer 的兩句說話為大會培訓的重點：「To be fully alive is to contemplate！To be fully alive is to act！」(出自其著作 *The Active Life*，意思是「要活得精彩，要不斷靜思！要活得精彩，要勇於行動！」)

我也曾擔心，要求這羣年齡十七至二十二歲，來自香港、上海、北京、南京、廣州、四川昭覺、美國、加拿大、英國、澳洲各地的華人青少年，每天靜思，是否太過分呢？

他們同心學習如何放鬆身心（relaxation）、如何聚精會神（recollection）、如何按不同主題自我反省（reflection），

再寫下札記（recording）。大會的內容充實：他們尋找自己的文化身分、檢視與家人的關係、探索上海這個城市的文化承傳、尋找能夠為自己的城市做什麼？在安靜、獨處中，這些豐富的內容有機會沉澱，在內心結合，融會貫通。

最後一天，全體青少年連同導師們到長江口的臨江公園，先在展覽館回顧昔日長江一帶抗日戰爭的歷史片段，再到江邊獨處、靜思三小時。日落後，只見長江岸邊仍然有二百多人安靜獨處，還亮起手電筒，在靜寂中臨風寫下自己內心的自省札記，蔚為奇觀。

各地的華人青少年告訴我們，他們不會忘記那三小時：是面對自己的時刻、是反思自己身分的空間、是夢想自己前路的時候、是與創造主十分接近的經歷。

To be fully alive is to contemplate！我更加放膽去鼓勵、陪伴青少年學習獨處、安靜、默想、靜思。

我是個喜歡行動的人，我仍在默默地學習獨處和靜思，

整理自己的內在生命（inner life）。

學會安靜獨處，是要日積月累、恆久的操練，才會養成的一種生活方式。少年人在起步時需要鼓勵、引導和支援，最好在開始時有同伴互相激勵。學會安靜、每天清晨選讀一段《聖經》、一本適合靜修的好書；操練寫札記或日記、週記；學習禱告、與神建立關係。即或少年人喜歡戶外活動、營會活動，也盡量加插安靜、獨處的環節。持之以恆，少年人會喜歡與大自然親近，在安靜中自省，在默想禱告中與神親近。

人在獨處中有機會反思自己的身分——不忘自己文化的根和屬靈的根。日常閱讀中不要單顧專業技能的書，能夠增添一些靈修的書籍、中國歷史及文化的書，會幫助我們的根扎得深。

我們常誤認為青少年只喜歡喧鬧和活動，然而他們也有喜愛安靜和獨處的傾向。讓青少年學習獨處，是要培育他們生命的深度。

中國文化傳統也提醒我們注意靜心、修身的操練，還提出勸告：君子慎獨。青少年學會獨處，他日北上或到海外進修、就業，也會善用他們到時更多的時間和空間；不覺沉悶，反而活得更加精彩。

點滴反思

但以理是我喜愛和敬佩的人物，可能因為我也曾在外國讀書寄居（先後近十年）。我在他身上看見，飄流異鄉不一定是無根，但以理投入異國的生活，仍然不忘鄉土家國。根，是投入你定居的地方、有參與有承擔（植根）；根，是不否定自己的過去，不以自己的民族為恥（尋根）；根，是與創造和救贖的主結連，是扎根於永恆（扎根）！

但以理叫我不敢輕看少年人，成熟與深度不一定與年齡有關。但以理和他三個少年朋友表現出生命的深度；觀察他們的生命，我更明白什麼是真正的抗逆力！

我知道羣體生活不是白日夢，只要願意將生命敞開：在安靜中與神相遇；在相交中向人交心，並且同心承擔從神來的召命，便可以一嘗羣體生活的真實性。

今天我在「突破」仍學習如何建立一個同工與義工的羣體，並且與青少年同行，共建一個羣體。羣體生活中，人最美善與最醜陋的一面會同時暴露出來，需要學習饒恕與相愛。

小組討論

1 家庭是一個人出生後的第一個羣體，這個羣體的經歷會影響一個人對羣體生活的期望和恐懼。請你回顧、檢視，再分享你對羣體生活的經歷。

2 香港的時間、空間緊湊，你可以找到自己獨處的空間、建立靜思的習慣嗎？請分享你如何建立獨處時間，以及其中的領會和心得。

3 青少年要學會獨處，深入自省，才能真正進入羣體，否則相聚時只是停留在康樂、社交的層次。如何輔助青少年在營會活動及日常生活中結合獨處與羣體的生活，讓生命開拓深度，並且得到支援？

閱讀推介

潘霍華著（2003），《團契生活》（新譯修訂本）。
香港：基督教文藝出版社。
Bonhoeffer, Dietrich (1979). Life Together: The classic exploration of christian community. USA: HarperCollins.

潘霍華是我十分欣賞的一位德國神學家，他在納粹統治德國期間寫下自己一生的故事，最終死於集中營，終年三十九歲。這本書字數不多，卻是有關「獨處與羣體」課題的經典之作。我常引述他的名言：Let him who is not alone beware of community; let him who is not in community beware of being alone！（不會獨處的，難以進入羣體；沒有羣體支援的，慎防獨處的危險！）

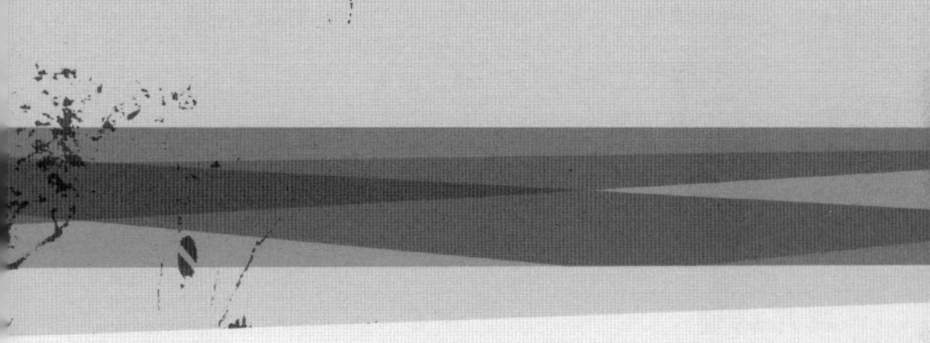

第10章
邁向**成熟**的青年

四年前當我就任青年事務委員會主席後，一間電視台採訪我，主題是青年工作。誰知劈頭第一句便問：「你已經五十多歲，還做青年工作？」我當時心裏說：「與你何干 ?!」

很多人都假設，青少年工作只適合一些較為年輕的人參與，亦假設兩代之間必然有代溝。年齡、文化上的差距是必然的，但這必然成為「溝」嗎？兩代之間一定不能結連（intergeneration connection）嗎？

跨代結連

西方曾經崇拜年輕（worship of youthfulness），覺得上了年紀的人便過時、被淘汰。他們的家庭觀念是核心家庭：一家四口（與上一代分開，下一代也是十多歲便離家獨居），避免跨代衝突，崇尚獨立自主。每個人是獨特的個體，這是不容置疑的，但是不要犧牲羣體。於是，所有的人際關係都是橫向的：同年紀的平輩溝通來得自然和投機。所有直向的關係都被視為代溝：父子、母女、上司下屬。

近年的趨勢有所逆轉，開始注重跨代學習

（intergeneration learning），開始鑽研什麼是師徒關係（mentor-mentee relationship）。因為他們發現，一個青年人得到一位前輩的愛心指引，他們的事業及人際關係都會更加成熟；長輩也可從青年身上得到啟發，是種雙程的學習，是跨代的生命結連。

三十一年了，我沒有放棄前線的青年工作，因為青少年給我很多生命的觸動，他們讓我接觸到時代的尖端，是他們讓我的心境保持青春。我的角色也不斷演變中，我仍是青少年的朋友，也成為他們的導師和「父親」。

《聖經》中有一位跨文化、跨代教導的人物保羅，在跨代結連這課題上留下了典範。他在三十多歲才開始他的宣教召命，往後的三十年橫跨歐亞兩洲，足迹遍佈第一世紀羅馬帝國的版圖，在當代最重要的城市耶路撒冷、安提阿、以弗所、哥林多、雅典、羅馬都留下足印。最令我敬佩的，是他一直都以一個跨代的隊工進行各地的宣教、佈道、教導、社關及文化的工作。

保羅來到特庇，又到路司得。在那裏有一個門徒，名叫提摩太，是信主之猶太婦人的兒子，他父親卻是希利尼人。路司得和以哥念的弟兄都稱讚他。保羅要帶他同去，只因那些地方的猶太人都知道他父親是希利尼人，就給他行了割禮。他們經過各城，把耶路撒冷使徒和長老所定的條規交給門徒遵守。於是眾教會信心越發堅固，人數天天加增。*(〈使徒行傳〉16章1至5節)*

不可叫人小看你年輕，總要在言語、行為、愛心、信心、清潔上，都作信徒的榜樣。你要以宣讀、勸勉、教導為念，直等到我來。你不要輕忽所得的恩賜，就是從前藉着預言，在眾長老按手的時候賜給你的。這些事你要殷勤去做，並要在此專心，使眾人看出你的長進來。你要謹慎自己和自己的教訓，要在這些事上恆心。因為這樣行，又能救自己，又能救聽你的人。不可嚴責老年人，只要勸他如同父親；勸少年人如同弟兄；勸老年婦女如同母親；勸少年婦女如同姐妹；總要清清潔潔的。要尊敬那真為寡婦的。若寡婦有兒女，或有孫子、孫女，便叫他們先在自己家中學着行孝，報答親恩，因為這在神面前是可悅納的。那獨居無靠、真為寡

婦的，是仰賴神，晝夜不住的祈求禱告。但那好宴樂的寡婦正活着的時候也是死的。這些事你要囑咐她們，叫她們無可指責。人若不看顧親屬，就是背了真道，比不信的人還不好。不看顧自己家裏的人，更是如此。 ***（〈提摩太前書〉4章12節至5章8節）***

跨越年齡與文化的鴻溝

所謂代溝，當然包括成長階段不同而造成的不同心境，也涉及兩代之間的文化差異：不同的價值觀、世界觀、生活方式。

保羅本身擁有多元文化：生為希伯來人，入籍羅馬公民，曾是個熱心的猶太會堂領袖（熟悉猶太教的律法），受教於當代出色的希臘哲學家迦瑪列，懂得以不同的語言進行寫作及教導。提摩太本身也是生於一個雙文化的家庭：母親是信奉基督的猶太人，父親是希利尼人；他的信仰是從外祖母一代接一代傳遞下來的。是誰說跨文化、跨年齡就不能溝通？關鍵在乎一顆開放的心、一種尊重不同文化的心態。保羅與提摩太，便是情同父子。

對於文化上及宗教上有些會引發矛盾的問題，保羅亦願意協調，尋求共識。他為了避免猶太人抗拒提摩太，就給提摩太行了割禮——既沒有在原則上妥協，亦表示尊重猶太人的傳統文化。文明衝突不是必然結果，該堅持的仍要堅持，可以妥協的不妨妥協。

提摩太年紀輕，有時面對不同文化背景的人，特別是年長的，可能會較為怯懦。保羅以導師和「父親」的身分不斷肯定提摩太的才幹和恩賜，並勉勵他「不可叫人小看你年輕」，仍可以滿有信心進行教導工作，還要教導比他年長的人。

羣體是可以容許跨代結連的；最重要是態度上的問題：對年長的男女要尊敬如父母，對一些無助的寡婦要同樣尊敬。羣體的生活從家庭開始，年紀輕的要學習報答親恩、尊敬長者、看顧親屬。

當我們放棄一些最基本的原則，各人只是尋求自己的權益時，只會製造更多鴻溝與裂痕。

中國的傳統文化本來是尊重「延伸家庭」（extended family），並且「老吾老以及人之老，幼吾幼以及人之幼」。這並非一個不可能實現的夢想，亦不是一個過時的概念。

真情流露、向晚輩求助

保羅並非每次都是高高在上，他亦願意向他的年輕伙伴求助、求教。

那美好的仗我已經打過了，當跑的路我已經跑盡了，所信的道我已經守住了。從此以後，有公義的冠冕為我存留，就是按着公義審判的主到了那日要賜給我的；不但賜給我，也賜給凡愛慕他顯現的人。你要趕緊的到我這裏來。因為底馬貪愛現今的世界，就離棄我往帖撒羅尼迦去了，革勒士往加拉太去，提多往撻馬太去，獨有路加在我這裏。你來的時候，要把馬可帶來，因為他在傳道的事上於我有益處。（「傳道」或作「服侍我」）。我已經打發推基古往以弗所去。我在特羅亞留於加布的那件外衣，你來的時候可以帶來，那些書也要帶來，更要緊的是那些皮卷。銅匠亞歷山大多多地害我，主必照他所行的報應他。你也要防備他，因為他極力敵

擋了我們的話。（〈提摩太後書〉4章7至15節）

保羅對着年輕的提摩太不怕表達他的掛念之情，亦求提摩太來探望，因為他意會到他的人生路將盡。他還千叮萬囑：不要忘記他那件外衣、書和皮卷。父親求兒子，有時反而不易開口。

有時，兩代關係也會出現裂痕，保羅與幾位晚輩的關係，發展方向不一樣：底馬選擇走一條不同的人生路，裂痕似乎無法修補；馬可曾經在一次旅程中與保羅鬧翻，後來分道揚鑣。保羅臨終寫信，仍然誠懇讚賞馬可，可見他們的關係已經復和。保羅對後輩的情、晚輩對他的敬愛，叫我的心羨慕，亦加強我對跨代結連的信心。

要學習新一代的文化

近年來，親職教育非常熱門。我喜見很多為人父母的，謙虛上課，學習如何為父為母。新一代的資訊網絡比上一代更廣，文化更趨多元，他們的心態及學習模式都是比較接近「後現代」，父母和他們溝通，亦要先嘗試進入他們的文化處境。

「父子網上遊」、「母子歷奇活動」這類的營會十分受歡迎。未上過網的父親忽然明白：原來兒子的數碼世界竟是如此多姿多采。有一次，我看着一位母親接受攀岩的挑戰，她的兒子在下面抓緊安全繩為母親打氣，母親只攀到一半便力竭而回。她從岩石牆下來後，擁着孩子激動地説：「原來我的兒子如此出色，攀岩真不簡單！」我欣賞父母勇闖子女的世界。

我的兒子尚在少年時，我在家居後面的小球場經常主持足球賽；兒子和同學、朋友在場上拚個死活，我則擔任球證角色。我很想明白兒子活在一個何等樣的世界，原來他們的同學分別屬於三個界別：文化界、體育界、娛樂界。喜見我的兒子橫跨三個界別，我有機會第一身經歷他們的世界。

兩代學習彼此尊重和服侍

我也會感覺：到底我傳講的內容與青少年脱節嗎？他們願意聽一個年紀大他們三十年的人講話嗎？我的灰白頭髮他

們看得慣嗎？

在一次的青少年營會中，參與的青少年明顯比較「前衛」：頭髮金色、紫色的；耳朵穿耳環的；滿身驚人肌肉的；談話內容粗豪的……。第一天營會中，他們與我保持一定的距離，後來他們發現我在小組中全心聆聽、沒有訓話，面部表情鬆弛了一些。

第二天中午，我和其中一組青年用膳，是營會中外貌最觸目的一羣。飯後其中一位對我說：「我給你看一些東西！」我問看什麼？他舉起右臂，稍為用力，手臂的「老鼠仔」立即彈起。我問可以摸一下嗎？他微笑點頭。他的肌肉如鐵一般堅硬。我就問他是否學功夫的，他滿臉自豪的說：「跆拳道！」又反問我：「可以一起拍照嗎？」我說可以，亦請他的兄弟一起拍照，他立即表現興奮，說：「我們共有五兄弟，一起來吧！」他們的高大身材、滿身結實的肌肉叫我覺得自卑。我們拍下了一幅叫我難忘的照片。

當天下午有一項意想不到的活動：大會要求每個人的腳

踩進一盆墨汁，再踏上一幅很大的白布地圖，邊走邊講述耶穌二千年前到過的幾個地方。然後指示我們，模仿當年耶穌與門徒彼此洗腳的情景，學習彼此服侍。

我從未試過這樣的活動，立刻找身旁一位少女，問她是否願意與我做這個活動的對手，她搖頭後便走開。我的內心真不好受；有誰想被人拒絕？最後，我看到其中一位肌肉發達、髮型像「菠蘿頭」的少男未有伙伴，便緩步上前向他招手，他點頭答應。

我請他坐下，將腳放進一盆清水中，再用手指（大會沒有預備洗腳的毛巾）給他擦去腳皮及腳趾的墨汁。我半跪在地上，差不多有五分鐘。我舉目望他，他十分專注，動也不動。

洗完後，我倆對調角色，這時才發覺，為人洗腳不易，讓人為你洗腳更難。我不願他見到我其中一隻腳甲有「灰甲」，我不願顯露自己的「骯髒」！

他跪在地上，很細心、很溫柔的洗我的腳，連腳甲裏藏着的墨汁也替我洗得乾乾淨淨。我的心被他觸動！活動完畢，他接受主持人訪問，以誠懇的聲音回答：「我從未試過有長輩如此服侍我！」稍停片刻，他再說：「原來耶穌不易做！」

我不會忘記他的眼神，我不會洗掉心中溫暖的感覺。一個小小的服侍行動，竟然將兩顆心結連起來——那三十年的鴻溝不再！

我想，可能是我「高高在上」的身分將青少年拒諸千里之外。我要學習以行動服侍他們，也要克服自己內心的障礙，接受他們的服侍。

在香港，跨代結連的文化仍然有待建立。

近幾年，「突破」的同工嘗試一個輔助青少年升學就業的計劃——師徒創路學堂——取得十分令人鼓舞的成效。這個計劃的學員是中五離校的少年人，他們在一年內與三組不同的「師傅」交流：一羣中學老師教導他們語文及電腦等知識；

一間公司的「師傅」成為學員在工作間的個人督導；「突破」的同工成為他們的「生命導師」，培育他們自處和與人相處的生命素質。學員間亦成為一個共同學習、彼此支援的羣體。我親自見證這羣少年人的改變：在學習態度、待人接物、工作承擔各方面都叫人刮目相看。更難得的是，那些為人師的都覺得很有滿足感、成功感，並且自覺比以前更年輕了！

重建跨代結連的文化，先從家庭開始；學校是另一個重要的環境；然後將這種文化推廣到工作間。這樣，對上一代與新一代來說，都是挑戰與祝福。跨代結連，有賴家長、老師、各行各業的「師傅」、青少年工作者與青少年同心竭力追求！

點滴反思

保羅在二千年前已經努力打破文化與年齡的鴻溝，將自己的生命與不同年代的人分享。

我要感激幾位不同國籍、不同文化、年紀比我大二十至三十歲的生命師傅：有原籍英國的加拿大人，有美國人，也有一對夫婦是瑞士人（丈夫德裔、太太原籍匈牙利）。他們的共同點都是愛中華文化，從沒有帶着一種民族或文化的優越感與我交往。他們在我身上留下了重要的印記。

今天，我自己的家庭四代同堂，我和父母距離拉近了，我和兒媳能夠相當深入溝通，我從不覺得自己和孫兒有代溝——是他使我的童心畢現！

在「突破」轉眼三十一年，如果五年算是一代，便是六代同堂；當然有磨擦、衝突、意見分歧的時候，個性上也常在衝撞。然而，我要感激他們的接納和尊重，我自覺有時意見太強、太執著。他們的青春和熱誠不斷激勵着我，叫我不斷學習如何與青少年共處。參與「突破」營會或接受培訓的青少年，更是維持我心中的火的重要源頭；他們使我的眼睛明亮、心裏火熱。

我仍然相當執著：服侍青少年，不能忽視他們的家庭；身為青少年工作者，一定要謙虛學習跨代的結連。

小組討論

1 在你自己的家庭裏，跨代之間的關係如何？你自己和上一代、下一代如何保持結連？

2 父母往往覺得子女的心不容易理解。你可曾想過，身為父母可以怎樣進入子女的場境，又不引起他們的尷尬和反感？

3 請回想你和一些導師的關係，你如何為徒？你也曾當過青少年的生命師傅嗎？你如何維繫亦師亦友的關係？

閱讀推介

「突破」出版了好幾本有關跨代生命結連的書[1]，我在這裏另外介紹一本，是特別談及什麼是師徒關係的書。

Biehl, Bobb（1997). Mentoring: Confidence in finding a mentor and becoming one.
USA: Broadman & Holman.

這本書的作者，本身經歷過不少名師用不同的方式影響他的生命，所以不是一本純理論的著作。對於年輕一輩如何尋師、如何為徒，特別有幫助。這本書對身為青少年導師的讀者也有幫助：不論在工作間、學校、教會中有機會成為青少年導師的，可從這本書得到實際的指引，學習做「生命師傅」。

註 1 ：可參閱以下書籍

- 區祥江著《父親卓越成就——養育子女與自我成長的雙贏指引》
- 區祥江著《因子之名——父親培育男孩的挑戰》
- 毛詠仙著《帶着爸媽去旅行，哎吔！》
- 關子凱著《子鳥深情》
- 蔡元雲著《生命影響生命》
- 蔡元雲、區祥江著《我該對孩子説甚麼》

結語
青少年成長的**再思**

一口氣將一些青少年成長的故事和我對青少年工作的一些信念寫下來；《聖經》中的故事將這些故事和信念貫串起來，看來還是很零碎，其實背後是我的一些理念架構，讓我在結語中將這些架構勾勒出來，也許讓這本書比較整合一點。

成長的歷程與召命的尋索

我喜歡請青少年繪畫自己的生命線，讓他們看見自己成長歷程中的得失和成敗、高峯和幽谷、創傷與恩典、陰影與召命。一個人的過去與將來本是相連的，並非一些毫不相關的獨立事件。

每個人在成長的過程中，都會因着自己的罪、他人的罪，或是外來的打擊，經歷創傷。過去的創傷，靠着自己的努力、外來的幫助、上帝的恩手得到醫治——都是恩典。每個人都曾經受傷，每個人都會經歷過恩典。

創傷可能尚未痊愈，亦會留下疤痕，造成今天及明天的陰影——每個人都有自己的陰暗面，代表了自己的罪性、未愈的創傷、潛伏的憂慮、懷疑、恐懼或怨恨，往往不想面對。

其實在一個人的創傷及陰影中，可能埋藏了他的召命的種子。我們都是「受創的治療者」——從自己的創傷和陰影中得到醫治和釋放，然後去服侍其他受傷的人。

　　這些生命的片段本是相連的：創傷、恩典、陰影、召命。這些成長的故事交織起來成為我們的「生命圖畫」。

圖表一：「生命圖畫」

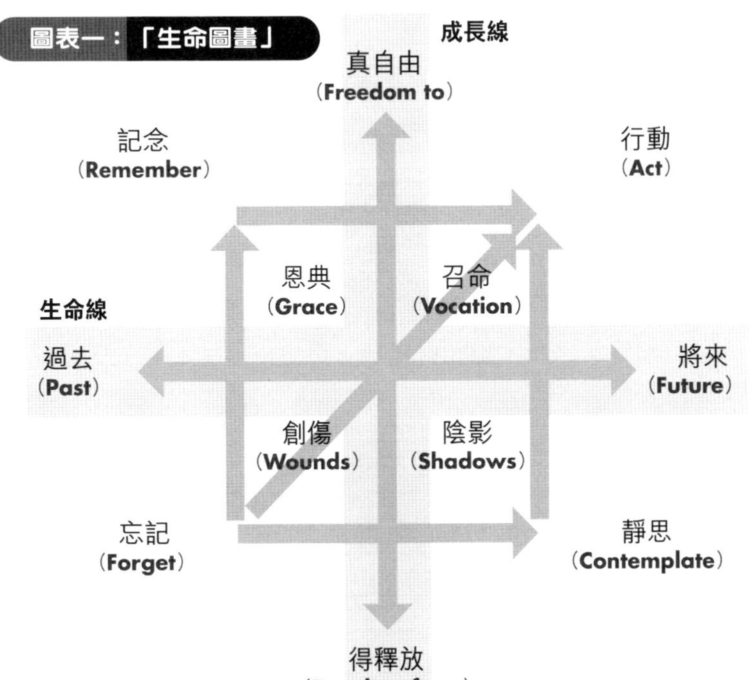

這個圖表的橫線貫通過去和將來，代表我們成長的時間線，我稱之為「生命線」；直線代表成長的歷程——從諸般創傷和陰影的綑綁中釋放出來（freedom from）；得到真自由（freedom to），經歷恩典，成全一生的召命，我稱之為「成長線」。

一個人得不到醫治和釋放，會處於一種陷溺或沉溺的狀況，不能自拔、失去動力。有了真自由，才能發揮能量，實踐召命。

人是按着神的形象被造的，每個人各有不同的智能、才能、恩賜，亦在成長路上經歷不同的培育和被神的塑造。一個人能夠活出召命，就是得釋放、得自由、活出真我、完成神所交託的獨特使命。

耶穌說：「你們必曉得真理，真理必叫你們得自由。」（〈約翰福音〉8 章 32 節）。《聖經》是神賜給我們的真理，耶穌是「道路、真理、生命」，他住在我們中間，「充充滿滿的有恩典和真理」。我相信，一個人要得到完全的醫治、經歷真自由，不能缺少神的真理和恩典，一定要經歷聖靈的工作。

真自由不單是從創傷及陰影中被釋放出來，而且是按着真理活出真我——自由地去愛神、愛人如己。

在人生的路上有四個重要的動詞，代表了生命的彰顯，是生命的四個樂章：

◇ 忘記（forget）——這是第四章談論的饒恕與忘記（forgive and forget），沒有饒恕就沒有醫治，沒有醫治就得不到釋放，繼續沉溺（第五章）。

◇ 記念（remember）——一個人最怕是忘恩。個人的成長歷史中，一定有恩典的痕迹：普及的恩典（common grace）和特殊的恩典（special grace）。每個人能在創傷中復原，都是恩典。詩人大衛說：「我的心哪，你要稱頌耶和華，不可忘記他的一切恩惠。」（〈詩篇〉103 篇 2 節）。恩上加恩，神會帶領我們進入我們的召命。一個人是在記憶中尋回自己的身分。人最怕「失憶」和「忘本」，失憶的人會失去自己的民族、國家

與屬靈身分。（第二章）

◇ 靜思（contemplate）——這是第九章談論的獨處與靜思。在靜思中才有空間面對內裏的陰暗，才有機會靜聽聖靈微小的聲音。人要參透萬事、靜觀世局，也要養成獨處、靜思的生活方式。

◇ 行動（act）——沒有行為的信心是死的，沒有行動的愛心是空的。召命是按着自己的身分和恩賜，以行動將生命表彰出來。成長，本身不是終極的目標，乃是為了神的國度，是為了基督的身體的成長。

我們可從《聖經》中的人物、本書記載的青少年成長故事，看見這四個動詞交替出現，流露出這些生命的內裏活動（inner life）及外顯活動（outward activities）。現代人的內裏生命貧乏，也導致外顯的生命無力，因為裏與外的生命是相連和相關的。

成長中的身分尋索與素質培育

青少年成長中最重要的課題是尋找和肯定自己的身分，書中談及四個重要的身分：民族、國家、心性、靈性。身分

的混亂、角色的混淆，會令青少年的成長失去方向。（第二章）

進入廿一世紀、全球大趨勢之下，某些素質的培育就顯得特別重要，否則在全球一體化、生物工程科技與資訊科技飛騰、文化解構與文明衝突的年代之中，難以立足。

以下是本書觸及幾對似乎是對立卻又並存、互補的生命素質：

個體／羣體（Individuality/Community）

每個人都是獨特的個體，要認識並活出真我。與此同時，人是有羣體性的，不能孤立地生存，要經歷愛與被愛、彼此相交、生命結連——不單與人結連，還要與神結連。（第九章）

抗逆／悲憫（Resilience/Compassion）

廿一世紀的經濟、文化、生態、人際、國際逆境可以預期。在逆境中，青少年必須具備抗逆力，同時對身處在逆境中的苦難中人有悲憫之心，人不能獨善其身。（第七章）

創意／德性（Creativity/Morality）

人是按着神的形象被造，每人都有天賦的創意與能量，可以發揮出來，建立自己，造就鄰舍。更重要的是參與城市、國家文化、文明的重建（第六章）。然而，人的創意與能量亦需要有價值和道德的規範，要學習自制自律，否則會陷入沉溺之中（第五章）。節制不單是自我約制的能力，同時是聖靈的果子、培育生命素質的培育不能缺少的恩典（第一章、第三章）。

主導／順服（Initiation/Submission）

缺乏了主導性，便失去動力，成為消極、被動的人。我們要培育青少年的主導性；同時他們要學習順服。順服並非懦弱的表現。一個對自我肯定的人，才曉得對神順服、與人共處時彼此順服。順服是一種願意付出、捨己的尊貴內涵。（第二章）

神應許賜聖靈給順服的人，讓他們的生命流露出聖靈的果子：仁愛、喜樂、和平、忍耐、恩慈、良善、信實、溫柔、節制。生命深處的重整和更新，是聖靈的工作。（第四章、

第八章、第九章）

這個圖表總結了生命重整與素質培育的重要範疇：

圖表二：生命重整與素質的培育

人是一個不能分割的整體，現代的教育傾向將學問專門化、分化，亦將人分割。所以我們不斷嘗試全人的培育（wholistic education），盼望人能夠恢復尊貴的身分，成為一

個表裏合一的人（authentic self），並且與基督結連、與人結連（authentic relation）、建成一個屬神的羣體（authentic community）。

在十分有限的篇幅內，嘗試勾勒出一個青少年成長的概念架構，當然有很多不足的地方。透過這個架構，重新檢視個人生命的成長，可能會有新的領會。一個不斷反省、持續成長的生命，才可以陪伴及激勵青少年成長。

青少年不是在尋找一些完美無瑕的導師，他們要目睹一些對生命投入、對青少年有信心、有愛心、有盼望的同行者。

今天，我還在進行生命重整，自覺仍有很多未整合的地方；我仍會委身青少年工作，繼續見證生命成長的故事。

我希望收到你們的回應，分享你們的成長故事，為人父母、老師或青少年工作的心得。

電郵：cywbook@breakthrough.org.hk

附錄 1

心理素質教育者的裝備

蔡元雲

香港「青年事務委員會」主席

2004 年 11 月 4 至 6 日在上海舉行的「第二屆 21 世紀中國學校心理健康教育論壇」席上，我被邀發表一個專題報告：「心理素質教育者的裝備」，在有限的時間內扼要地發表了一些觀察和意見，盼望從另一個角度引發討論。

在廿一世紀，教育心理學及腦神經學的研究有新的進展，讓我們進一步明白青少年學習失敗的成因。從「現代文化」演變到「後現代文化」的過程中，新一代的學習方式與自我形象也都在蛻變。基於廿一世紀的環境及青少年心境蛻變，青少年健康服務的模式也在轉變。這些改變對心理素質教育者帶來挑戰，我們需要新的裝備，才能取得預期的教育果效。

（一）明白青少年學習失敗的成因

先天的基因對一個人的心理素質有一定的影響；每個人具備不同的智能，影響一個人在後天的學習過程中，出現不同的進路和結果（「九種智能」，*Intelligence Reframed: Multiple intelligences for the 21st century*, Howard Gardner）。

一位全球知名的心理學及醫學專家（李雲醫師 Mel Levine, M.D.），專門研究孩童的學習方法及偏差。他從腦神經系統、教育心理、社會學的研究中，歸納出八大類兒童及青少年學習失敗的成因，他稱之為「腦神經發展缺口」（Neurodevelopmental Gaps）；造成一個青少年成長上的失敗，以致各方面的表現都受到虧損，他稱之為「成長輸出衰竭」（Developmental Output Failure）。

圖表一將這些「腦神經發展缺口」排列出來：（*The Myth of Laziness*, Mel Levine, M.D.）

圖表一：「成長輸出衰竭」——腦神經發展缺口

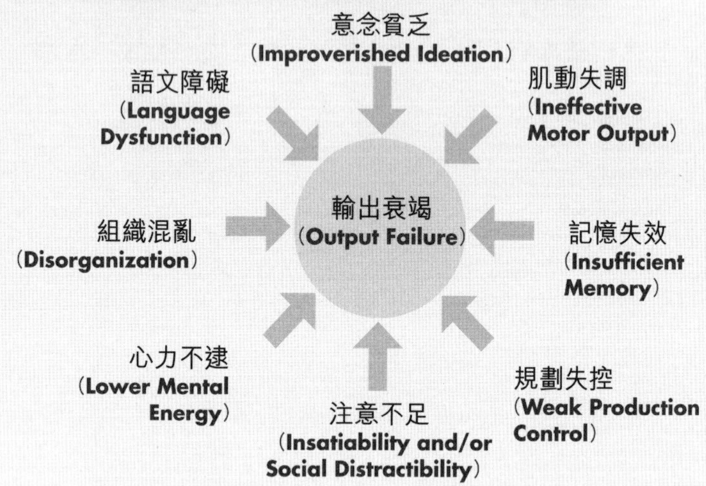

在這有限的篇幅，我無法一一詳述各類「腦神經發展缺口」的徵狀。在香港，最多研究的是語文障礙，其中一種是讀寫障礙（Dyslexia）。患有讀寫障礙的孩子，看數目字及文字都會出現一些顛倒的影像，所以他們在語文及數學的學習上都出現極大的困難，同時引發自卑、退縮、抑鬱等心理及行為表現。倘若我們未能找出真正成因，只妄下斷言說這個孩子懶、蠢，或是心理偏差，那麼我們的錯誤判斷對孩子的成長造成極大的打擊。

另一項香港常見的「腦神經發展缺口」是注意力不足，

其中一種是過度活躍症（Attention Deficit Hyperactive Disorder）。這些孩子可能是在生產過程中出現腦部缺氧，造成腦細胞損壞。患有過度活躍症的孩子不能集中注意力，總是坐立不安，不能長時間閱讀或專注地完成一個項目，令我們很容易評論：這個孩子不專心、是個破壞分子。錯誤的評估，使我們未能針對性地幫助這些孩子，令他們更加煩躁、更加反叛。

李雲醫師還找出了九個環境因素，是對一個人的「成長輸出」構成重要的影響：

◇ **家庭生活**（Family life）；

◇ **社會經濟背景**（Socioeconomic background）；

◇ **個人成敗經歷**（Personal track record）；

◇ **典範人物**（Role modeling）；

◇ **競爭環境**（Competition）；

◇ **生活壓力水平**（Level of stress）；

◇ **成功的機遇**（Luck and opportunity）；

◇ **學校的經驗**（School experience）；

◇ **文化因素**（Cultural factors）。

要明白一個青少年的心理素質，一定不能忽視他成長的環境所構成的影響。

李雲醫師從心理學的角度，列舉了九項內在素質，是對一個人的「成長輸出」造成正面或負面的影響：

◇ 抗逆力（Resilience）；

◇ 情緒（Mood）；

◇ 彈性及適應力（Flexibility and adaptability）；

◇ 事業智慧（Career wisdom）；

◇ 樂觀感（Level of optimism）；

◇ 動用潛能的能力（Strength utilization）；

◇ 動機（Motivation）；

◇ 主導性（Initiative）；

◇ 社交專注力（Social distractibility）。

身為心理素質教育者，要了解學員的內在素質，並且用不同的方法去啟發他們的內在潛能，或是克服內在的障礙。

（二）後現代文化對學習及自我形象的衝擊

後現代文化(Post-modernity)是對現代文化(Modernity)的一種批判，不滿現代文化中對理性、科技的偏重，忽視了感性及靈性的發展。後現代的學習方式是偏重視覺及感受，因此人會較為主觀，造成嚴重的個人主義。

與後現代文化中成長的一代溝通，不是要認同他們全部的思想、行為或價值觀，卻要明白他們的學習模式，才能建立溝通的橋樑。

(1) 學習方式的轉變

一位鑽研後現代文化二十年的學者，指出這一代學習的四個特色：（*Soul Tsunami*, Leonard Sweet）

(i) 體驗（experiential）

他們不習慣純以理性去吸收一些概念，卻喜歡在體驗中學習。要提升他們的抗逆力，不能只在課堂中講論，一定要他們在自然環境中、在攀石過程中、在各種人造或真實的逆境中，經歷什麼是解決問題的方法、情緒管理方法；什麼是歸屬感、什麼是樂觀感。在歷奇模式的學習中（adventure-based learning），他們的心理素質才會有感悟、有轉變。

(ii) 參與（participatory）

舊的教導模式是單向的講授，新一代卻着重參與。最好能設計一些有趣味的遊戲或是角色扮演，他們才能在參與中體會到人際溝通、家庭關係、隊工合作的重要。心理素質教育者一定要營造這種雙向、互動、交流的學習氣氛。

(iii) 形象（image-rich）

新一代在電視、電影、音樂錄像、電子遊戲機、電腦影像、互聯網陪伴下長大，他們吸收外界事物主要透過影像，不是單憑聽覺。若心理素質教育者能夠善用視覺媒體，可能收到意外的果效。有些青少年也喜歡選擇用顏色、圖像來表達他們內在的感受或心理狀態。

*(iv) **羣體** (communal)*

由於新一代中有不少是獨生子女，在家中缺少平輩的溝通對象，在學校裏只是碰到不少「競爭對手」，對羣體生活、人際關係的處理較為欠缺。若在心理素質教育中設計更多的小組交流、隊工合作、羣體活動，可引起他們的興趣，並且彌補他們對羣體生活的渴求。手機的短訊及交談、網上的虛擬接觸，都不能滿足他們心底裏對愛與被愛的需求。

(2) 自我形象的改變

新一代十分看重自己的「個人形象」，他們的自我形象明顯地受潮流文化的影響。

最近香港青少年喜歡「纖體」、熱愛「瘦身」，對他們來説，「纖」與「瘦」才是美。有些少女更因此而減肥、節食，甚致造成了厭食症（Anorexia Nervosa）。一位精神科醫療界的專家認為，這種心理及精神問題的根源，除了來自家庭關係的壓力外，與潮流文化的影響亦有密切關係。（*Eating Disorder*, George Hsu, M.D.）。

在香港，青少年的自我形象明顯受到「偶像」文化、消費文化及朋輩壓力影響。要青少年建立健康的自我形象、塑造健康的心理素質，就不能不探討潮流文化對他們的衝擊，更要教導他們如何理解、辨別及回應。

（三）青少年健康服務模式的蛻變

2003年，二十五個國家的青少年專業工作者（包括精神科醫生、臨牀心理學家、教育心理學家、兒科醫生、心理諮詢師、社會工作者、護士、老師、傳媒工作者）在香港共聚，探討一個主題：「青少年的全人健康」，深入研討青少年成長及心理健康。在大會席上，我有機會發表一篇論文〈青少年健康服務模式的蛻變〉，在這裏只能將論文的大綱摘錄。對於心理素質教育者採用的教導模式，也帶來一些啟示。（*Paradigm Shift in Adolescent Health Service Delivery*, Choi Yuen Wan, M.D.）：

附件 1

心理素質教育者的**裝備**

◇ 身體健康 →全人健康

◇ 個別專業 →專業結合

◇ 治療服務 →三級預防

◇ 中心為本 →進入社區

◇ 個人諮詢 →系統關懷

◇ 個人成長 →文化更新

◇ 本土思維 →全球視野

心理素質教育不可能單在課堂裏傳授，一定要與校外教育、生活教育配合，才能適切這一代青少年的實際需要。老師要與不同的專業人士結為伙伴，才能建立一支跨界別、跨專業的隊工，以新的模式去培育新一代的心理素質。

總結

廿一世紀是一個劇變的年代，新一代在這個新處境中成長，一定要具備適當的心理素質。在培育過程中，一定要明白他們的成長土壤：家庭、學校、傳媒、社會、朋輩文化，這些都是重要的元素。

心理素質教育者不是單憑言教，也要身教。因此，教育者本身的心理素質、個人的成長十分重要。我們是與青少年在互動中彼此建立，一同成長的。

每個青少年的智能、學習方式都有不同之處，心理素質教育要在教導模式上多作探討及創新，才能回應這新一代的需求。

附件 1

心理素質教育者的**裝備**

附錄 2

新一代的解構與重建：香港經驗

蔡元雲

（醫學博士，榮譽社會科學博士）

香港「青年事務委員會」主席，突破機構榮譽總幹事

（編按：本論文曾於2004年9月20日至21日，首屆「全國青少年養成教育論壇」中發表，該次論壇以「社會進步與青少年養成教育」為主題。）

新一代：後現代文化的衝擊

成年人往往發覺自己不太了解新一代的青少年，因而在溝通上產生困難。這一道無形的溝通圍牆並非純粹因為年齡的差距，更大的因素是兩代成長於不同的文化土壤。

新一代受盡後現代文化的熏陶，後現代文化（Post-modernism）是對現代文化（Modernism）的反應——不再相信單憑理性與科技能夠解決人類的問題，轉向感性及靈性的層次探討這個世界；質疑上一代的價值觀，尋求將男性、女性重新定位。一位哲學學者如此形容：「這一代以感情來思考，用眼睛來聆聽。」("A generation that think with their emotions and listen with their eyes." Dr. R. Zaccharias）在後現代文化感染中，人的成長趨向極度個人主義，純粹用自己的主觀感覺去經歷並批判這個世界。

後現代主義不斷將現代主義解構（Deconstruct），這也是人類文化演變的歷程；然而，我們面對的挑戰是如何將價值觀、人生存的意義、人際關係、羣體關係再度建構（Reconstruct）。

全球知名的教育心理學家提出他的多元智能（Multiple Intelligences）研究，引發了全球性的教育改革。他亦承認，在強調「智能」的重要性時，忽視了德育的重要，於是在最近出版的新作內，呼籲要「將德育與卓越結合」("let excellence and ethics meet", *Good Work,* Howard Gardner）。他的研究發現，美國的傳媒出現道德上的危機，逐步失去了受眾的信任。另一門對廿一世紀有重大影響的專業，是基因科學在醫療上的應用。他的研究肯定了這門專業的道德操守，同時卻發出警告：倘若這門科學出現道德問題，後果將會堪虞，有損人類的安危與生存。

新一代活在廿一世紀，面對文化及道德解構的衝擊，值得教育界悉心關注。

從「失連」到「結連」（Disconnection → Connection）

新一代面臨的解構危機中，最值得關注的是人際關係上的解構，因為家庭關係及社會人際關係上的疏離（alienation），我們在青少年當中發現一個「失連」的現象（disconnection）。

一位知名的心理學家如此描繪這種「心靈失連」的狀況：「……心靈的深處從未與人建立過坦誠互動的深交，自覺世上沒有一個真正認識自己的人；因此從未經歷過被他人信任的興奮，亦未曾嘗過愛與被愛的喜悅。」（*Connecting*, Larry Crabb）

我們可以想像：一個青少年自覺不被認識、不被信任、沒有經歷愛與被愛，是一種何等痛苦、孤獨的狀態。

（一）新一代「失連」的徵兆──上癮

在香港，我們從青少年的行為表現中找到一些「失連」的徵兆，其中一項是「上癮」（沉溺，addiction）行為。

（1）濫用藥物

昔日，濫用藥物是成年人的行為，濫用的藥物以鴉片煙、海洛英為主。近年來，隨着文化、潮流的劇變，濫用藥物成為青少年尋求刺激、逃避責任、結交同伴的「新潮」、「時髦」行徑，精神科藥物搖頭丸、冰毒、氯氨酮、大麻等成為新興的濫用藥物：

1.1 香港政府統計數字（Youth in Hong Kong: A statistic profile 2003）

廿一歲以下濫用藥物種類（男與女）	年份						
	1997	1998	1999	2000	2001	2002	2003
海洛英	1855	1490	1089	747	426	266	136
氯胺酮（K-仔）	0	0	14	1279	1919	1755	1099
MDMA（搖頭丸）	49	51	290	1948	1701	926	599
大麻	628	678	671	736	557	646	499
冰	415	441	383	381	348	202	114

1.2 香港中文大學研究（2002）

學校問卷調查：樣本數量── 95788 人

◇ 79.7% 曾經喝酒、 22% 曾經吸煙；

◇ 2.6% 曾服用海洛英；

◇ 4.1% 曾濫用精神科藥物（搖頭丸 45.6% ，大麻 41.7%，K仔36.5%；22%服食一種以上藥物）；

◇ 濫用藥物地方：狂野派對 38.5% ，家中 25.2% ，卡啦 OK 22.2% ，公園 22% 。

政府統計數字只是反映部分的濫藥情況。香港中文大學一項龐大的隨機抽樣調查顯示，青少年濫藥情況比較嚴重，在青少年中約有 5% 曾經有濫藥行為，而且濫藥地點分佈「派對」舞會、家中、娛樂場所、公園等地；研究更顯示吸煙與喝酒有導致濫藥的危險。

（2）賭博行為

意想不到，賭博竟然也成為青少年當中新興的上癮行為。這與他們人生目標空虛、缺乏成功感、關懷及支持不足、社會風氣等因素有關。研究顯示，他們對賭博的觀點及行為都在轉變中：

理工大學通識教育學院（2001）

學校問卷調查：樣本數量── 2000 人

◇ 80% 曾參與賭博活動，5.7% 曾參與足球賭博，88.5% 同意社交賭博為娛樂，70% 視為消磨時間，32.5% 視為賭博。

（3）網上沉溺

資訊科技的發展支配了未來一代的教育、經濟、娛樂、社交、研究、傳播等行為。新一代和互聯網結下不解緣，他們被稱為「e-世代」（electronic generation）。資訊科技為培育下一代，提供了新平台、新機會，同時也促成了「網上沉溺」的現象，在網上不能自制地流連：ICQ、各式遊戲，甚至進入色情網站等，最終不能自拔，影響身心健康、學習生活、家庭關係及社交生活。

下列的研究讓我們對香港青少年的網上活動了解多一點：既有健康行為，亦有沉溺傾向：

突破機構（2002）

10至29歲青少年，隨機抽樣1058人

◇ 近90%受訪者表示有上網習慣，每星期平均5日，每日平均3.1小時，較以往調查多五成；

◇ 受訪者的網上活動多以網絡人際溝通（84.5%）、觀看新聞及網頁資訊（81.1%），亦有34.1%參加網絡遊戲，值得注意的是比該機構2000年的調查結果（6.3%）上升五倍；

◇ 14.7%受訪者有上網沉溺的傾向，比該機構2000年的調查（3%）高5.4倍，如「上網時間總超過自己想的時間」(83%）、「返屋企第一時間就要上網」(63%），而當中以男性（62%）及 15 至 19 歲（50.3%）青少年較高；

◇ 研究亦指出，於網站聽歌、下載歌、網絡人際溝通、參與網絡遊戲，以及到網吧者較容易有沉溺傾向（R square .305 p<.05），整體上只有 1.1% 是有網上色情資訊的問題。

（4）網吧上網

網上沉溺不一定是一個純粹的個人行為，因為青少年喜歡與朋輩交往，他們也喜歡到網吧流連，進行集體網上遊戲，或在那裏尋找伙伴，這是另一個值得關注的趨勢。

聖匠堂社區中心（2003）

九龍城區小四至中三（8 至 16 歲）學生，4746 人

◇ 33.2% 受訪者曾到過網吧，其中 70% 放學後即上網吧，亦有 17.4% 受訪者曾在網吧通宵逗留。

上癮行為不過是青少年成長偏差的後果，他們真正缺乏的是一份真摯的關愛；被信任、被尊重是每個青少年的內心需求。從藥物、賭博、網上沉溺所得到的刺激只是一種短暫的代替品，並未能滿足他們心底真正的渴求。我們面對青少年的上癮行為，既要治標，更要治本。

（二）新一代「結連」的重建

西方社會的發展一直偏向個人主義，後現代更將個人主義推向極端。因此新一代飽受「失連」（disconnection）之苦。近年來，西方的心理學家、教育學家都不斷進行研究，尋求如何重建「結連」（connection）的關係：家庭的結連、朋輩的結連、跨代的結連、社羣的結連等。

哈佛大學一位學者更鼓勵每個人尋求十二方面的「結連」，有助身心靈全人的健康：

十二項重要結連

令你心靈開廣，活得更長，活得更深。

◇ 原生家庭　◇ 大自然

◇ 婚姻　◇ 物、其他動物

◇ 朋友　◇ 意念與資訊

◇ 工作　◇ 社區組織

◇ 美　◇ 信仰

◇ 過去　◇ 自己

香港經驗：家校合作、駐校社工與青少年服務機構支援

重建新一代「結連」是一項艱巨的工程，不能將責任全盤放在家長的肩頭上，還要動員老師及青少年工作者的專業支援，最重要的還是青少年本身的醒覺和努力。

從香港累積的經驗中，有幾項觀察值得參考，將有助新一代「結連」的重建。

(1) 與自己結連：獨處與靜思 (Contemplation)

一個不認識自己的人，很難與人深交。一個不曉得獨處與靜思的人，很難真正認識自己，也不容易與人結連、進入

羣體。因此，在青少年培育過程中，不容忽視獨處和靜思的操練，讓他們更深認識自己：多元智能、就業性向、個性的長與短、過去的創傷與治療、未來的抱負與夢想等。

(2) 與家人結連：家庭關係

親子關係從幼年開始培育，香港開始着重親職教育，協助父母跨越代溝問題。中年父母與少年子女的關係特別緊張，這方面需要一些專家的指引，才能將「中年危機」的父母與身處「暴風少年」期的子女結連。缺乏良好的家庭關係，青少年成長將會受到嚴重打擊。

(3) 與朋輩結連：支援系統

倘若缺乏適當的指引，學校的朋輩關係可能演變為彼此競爭的關係，未能成為彼此信任、彼此相愛的支援系統。老師及學校社工可以協助在同學中建立一些有效的支援系統，彼此支援，進而在學校及社區中貢獻力量。

從「失力」到「抗逆」（Disintegration → Resilience）

新一代在解構危機衝擊下，另一項顯著的後果是心理健康失調。香港一些青少年面對一些壓力時不能自控，竟會選擇自殺的愚昧行徑；抑鬱成為一種常見的心理及精神病，是過往在青少年當中較為少見的。青少年這種「失去心力」的現象，引起社會關注，因而努力尋求重建青少年抗逆力的途徑。

（一）新一代「失力」的徵兆──抑鬱

從香港青少年的精神健康狀況，可找到一些「失力」的徵兆（disintegration），其中一項最為顯著的是抑鬱。

（1）香港學童身心健康

香港中文大學醫學院公共衛生學院健康教育及促進健康中心（2000）

10 至 16 歲學生，學校問卷：小學生 1906 人、中學生 5286 人

◇ 27% 學童不同意其生活滿足和享受；

◇ 26% 學童表示時常感到絕望和孤單；

◇ 14.7% 學童表示曾考慮自殺，而 10% 學童則曾真正計劃自殺；

◇ 只有四分一的學童在考慮自殺時會向老師或社工求助，少於 40% 學童會向家長求助；

◇ 35.8% 學童有出現抑鬱的徵狀。

香港當局十分關注青少年的身體及心理健康，在這方面作定期的研究及調查。近年來，最受關注的是抑鬱徵兆有上升趨勢，以及出現自殺意圖及行為，因此成立專門研究中心，並尋求預防及治療的方案。

(2) 青少年壓力來源

基督教香港信義會青少年服務（2001）

新界區中一至中二學生，問卷調查：2869 人

◇ 學校的壓力來源指數是最高的（3.8），其次是家庭（3.14）；最少的是感情（2.15）。是次調查，1 分是壓力最少，5 分是壓力最大；

- ◇ 初中學生的十大壓力事件，排第一是「學業成績不理想」(60.8%)，第二是「沉重的功課及考試」(51.2%)，第三是「覺得家人不明白及體諒自己」，排最後的是「自我期望高」(23.3%)；
- ◇ 他們面對壓力的方法最主要是「找娛樂消遣」(43.6%)，其次是「與人傾訴」(35%)，第三是「自己獨立處理」(34.8%)；
- ◇ 當感到情緒困擾時，他們第一時間會找朋友的佔最多（57.2%），其次是同學（25.3%），第三是父母（17.7%）；
- ◇ 53.8% 受訪者絕不認同自殺是解決的方法。

要預防青少年心理健康出現問題，一定要找出他們遭受壓力的源頭，才能對症下藥。香港青少年的壓力主要仍是來自學校和學業，其次才是家庭，再其次是感情問題。因此，正視考試教育帶來的心理壓力是不容忽視的研究課題。

(3) 高中自殺意念及行為

香港大學自殺研究及預防中心(2003)

中三至中七學生,問卷調查:2586 人

◇ 17.8% 有自殺意念, 5.4% 有自殺計劃, 8.4% 曾一次或多次嘗試自殺, 1-2% 正接受治療。

當一個社會出現青少年自殺行為時,可以説是紅燈亮了,應當立刻採取行動,防止類似個案重複發生,並且針對潛伏成因採取措施,因為每個青少年的生命都是珍貴的。香港在這方面展開一系列的相關研究,並且在學校推行多項教育及預防措施。

(二)新一代「抗逆力」的重建

抗逆力已經成為國際心理健康界共同關注的理念。各國都努力為新一代尋求重建抗逆力的方案:務求青少年在逆境中,即使受挫仍然有力量反彈,重拾信心、穩步前進。

香港經驗：「成長的天空」

約十年前，香港出現多宗少年自殺個案之後，一直致力進行研究，尋求對策。香港教育統籌局（前教育署）、社會福利署委託突破機構及香港中文大學，聯同多間青少年工作機構，在全港中學一年級進行了八年多的長線研究，有些重要的發現。

（1）少年成長的危機因素

出現下列因素會增添少年人在逆境中出現適應上的困難：

◇ 父母患有長期疾病	◇ 居住於受資助家庭
◇ 父母亡故	◇ 低收入家庭
◇ 父母有精神病	◇ 接受綜援
◇ 母親患有抑鬱症	◇ 慢性病／長期患病
◇ 單親	◇ 早產
◇ 不整全家庭	◇ 對學業無興趣
◇ 父母撫養方式	◇ 多種危機因素
◇ 過於擠迫的居所	

(2) 少年成長的抗逆因素

下列的個人素質，或家庭及環境因素，有助少年人順利渡過逆境：

◇ 健康性格	◇ 父母與子女有良好溝通
◇ 正面氣質	◇ 良好的父母子女關係
◇ 高於一般的 IQ	◇ 父母的鼓勵性關係
◇ 社交能力	◇ 朋友及社會的認同
◇ 家庭狀況	

(3) 抗逆力

抗逆力是結合多種個人素質、效能及支援系統的狀況，出現的一種應變能力。我們一方面能夠培育一個人的抗逆力；同時，這是人類天生潛能，是面對危機或困難處境的適應和改變、自我校正及復原的一股動力，包括：

◇ 建立人際關係的能力

◇ 解決困難的能力

◇ 發展獨立自主性的能力

◇ 計劃將來的能力及樂觀盼望的態度

(4)「成長的天空」理念：

結合了上述的概念，我們設計了一個訓練課程，將少年人的外在資源與內在資源結合起來，輔助少年人身處逆境時減低出現負面行為。

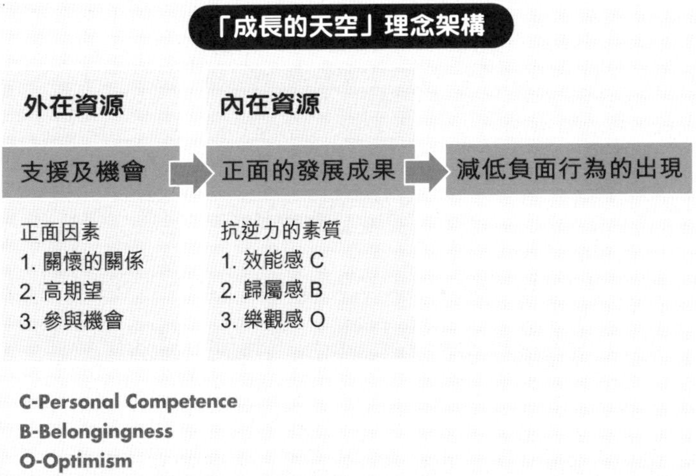

「成長的天空」理念架構

外在資源		內在資源		
支援及機會	→	正面的發展成果	→	減低負面行為的出現
正面因素 1. 關懷的關係 2. 高期望 3. 參與機會		抗逆力的素質 1. 效能感 C 2. 歸屬感 B 3. 樂觀感 O		

C-Personal Competence
B-Belongingness
O-Optimism

(5) 識別機制

研究的其中一項重要成果，是成功地製訂了一份「香港學生數據表格」(HKSIFS, HKSIFT)，分別由學生、家長及老師填寫。這份量表經過計算機將分數處理分析後，能夠將一些成長上危機成分較高的學生識別出來，再接受適切的抗逆力培訓，或心理諮詢服務，預防出現一些負面行為。

(6)「成長的天空」流程

現時香港的小學及中學都正在推行「成長的天空」心理素質教育及預防、治療服務。全體學生都接受一些基本的心理素質教育，只有 18% 需要接受抗逆力培訓；整體計算，約有 10% 學生需要接受個人或家庭心理諮詢服務。

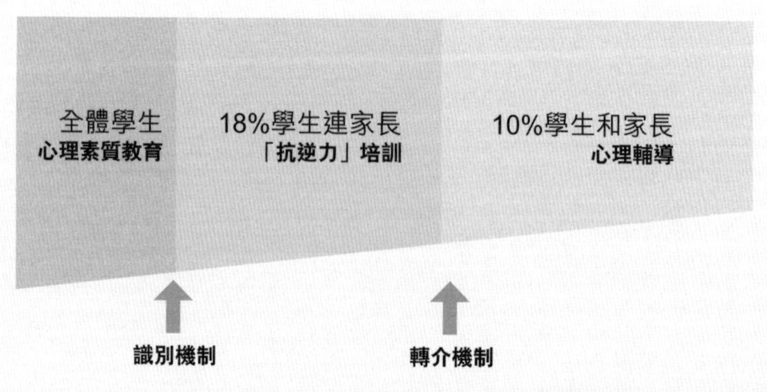

從「失位」至「參與」（Disengagement→Participation）

Dr. Martin Seligman 被譽為過去二十年最重要的心理學家之一，對美國新一代有一項發現：整體而言，他們對人生及前途比較悲觀，Seligman 稱之為「習染的悲觀」（learned pessimism）。他對這種心態的形成有精闢的分析，將這些因素稱為「抑鬱的土壤」。

抑鬱的土壤

（1）自我膨脹 （Waxing of self）

（2）大我萎縮 （Waning of the commons）

「大我」：家庭 （sense of family）

社區 （sense of community）

國家 （sense of nation）

信仰 （sense of God）

Learned Pessimism, Martin Seligman

在香港，我們也發現類似的「土壤」，孕育出一些比較悲觀、被動的一羣。這些青少年不單很少參與社會服務活動，求學及求職的動力及能力也不強，成為「失位」青少年

（disengaged youth）。

（一）新一代「失位」的徵兆──被動

「失位」的青少年在心態及行為上表現比較被動，從香港青少年的社會參與數據中，我們尋找到一些青少年表現較為被動的迹象。

（1）青少年公民意識

香港中文大學香港亞太研究所（2001）

15至24歲香港青少年，問卷調查：1315人

◇ 最重要的公民權利：自由／人權（48%）；民主權利／投票／選舉權（10%）；

◇ 最重要的公民責任（頭三位）：遵守法律（20%）；投票／選舉（10%）；做好自己本分（8%）；

◇ 政治是很複雜，不容易明白：74%表示同意／十分同意；政府政策沒有影響力：47%表示同意／十分同意；政治人物參政目的主要為了自己利益：31%表示同意／十分同意。公民態度比1997年少許改善；

◇ 讀／聽／看新聞頻次：經常（57%）；

◇ 參加義務工作頻次：經常（7%）；

◇ 參加遊行或靜坐示威：偶爾（3%）；

◇ 18 歲以上被訪者未來的投票意欲：會（75%）；

◇ 被訪者自我評估公民意識：足夠／十分足夠（15%）；

◇ 對九七回歸後香港狀況評估：差：72%（1997 為 9%）；好：4%（1997 為 24%）；

◇ 被訪者身分認同：64% 表示是香港人；29% 表示是中國人；5% 表示兩者皆是。

近年來，香港政府大力推動公民教育及國民教育，得到顯著的成果。不過，仍然有部分青少年對自己的公民及國民身分及角色混淆，他們的社會參與也相應地表現得較為被動。

(2) 義工服務

香港青年動力協會(2002)

14至35歲香港青年，問卷調查：1090人

◇ 46%沒有做義工，當中44%表示現時政府對義工服務之推廣不足，只有2%是基於政府的宣傳而參加。同時亦有32%表示學校推廣不足；

◇ 沒有做義工者之中，82%表示有興趣參加。整體而言，32%受訪者表示抱着擴闊生活圈子心態參與，33%是增廣見聞，亦有8%是抱着打發時間心態參與；

◇ 69%參與的義工工作性質是社會服務工作，只有4%是參加為弱勢社羣爭取福利之工作。就服務對象而言，43%表示青年是最需要接受支援的；

◇ 45%已有1至3年的經驗，同時在1月至8月期間，62%曾參與1至49小時的義工服務。

參與義務工作，是克服「自我中心」心態的一種良好的培訓。香港在這方面也取得一定的成績，只是參加義工的青少年數目仍然未如理想，而且不少只是參加短線或一次過的義工服務，表現未見熱誠。

（二）新一代「參與」的重建

(1) 參與的推動力

青少年社會參與是一項重要的指標，顯示他們對社會的承擔，可以在參與過程中被培育為明天的領袖或棟樑。社會的參與不單是一種外在的活動，最重要是發自一顆真正「悲憫的心」。

廿一世紀的世界仍將面對貧富懸殊、天災、人禍、戰亂、恐怖行動等各種苦難，「悲憫心」是一項重要的領袖素質，在青少年培訓中不能忽視這方面的培育。

(2) 參與的領域

青少年的參與，從家庭開始。香港愈來愈多獨生子女，在家中特別受保護，失去參與及貢獻的機會。培育青少年的參與，可逐步將他們參與的領域開拓和擴張。

家庭：關懷與服侍

學校：學生會、學生報、社區服務

社區：服侍弱勢社羣、文化活動

城市：經濟建設（見習計劃）、自然環境

國家：鄉鎮建設

國際：文化交流

(3) 參與的帶動

最重要的是培育青少年自發地投入社會，作出貢獻，但是要成功推動青少年參與，有賴各方面的共同努力。

◇青少年主動

◇家長、教師的鼓勵

◇青少年工作者的培訓

◇工商界的參與

◇政府政策上的配合

香港經驗

過去幾年，身為「青年事務委員會」主席，我有機會結合政府多個部門的力量，配合全港青少年工作機構及學校的參與，在香港各區推動青年論壇及青年高峰會，成為一個匯聚青少年聲音和力量的平台，並且讓青少年有機會與政府決策官員及社會各界領袖對話，提高了他們的社會參與意識，取得可見的果效。

此外，突破機構策劃及推動的「國際華人青年領袖訓練營」亦成為一個香港與國內及海外華人青少年共聚交流、培訓的場所，有助提升新一代的國際視野。

結語

青少年養成教育是一個重要的課題，香港是一個向國際開放的社會，所以特別容易遭受文化解構的衝擊，對青少年養成教育增添難度。香港的新一代在解構年代中如何重建，我們累積了一些研究數據及分析，並且有一些實踐經驗，但願這點滴的經驗，能對國家的青少年養成教育提供一點參考作用。

心理與栽培系列最新書目

栽培新一代

書名	作者
成長體驗Debriefing（增訂版）	鄧淑英、麥淑華
給孩子50種幸福生活	吳思源
生命的超越 —— 歷奇輔導的再思	李德誠
網絡孩子 —— 父母教養新思維	上官賢恩
不信贏在起跑線	吳思源
牧養新世代	蔡元雲、謝文策
折翼孩子能飛	師徒創路學堂師生
聖經的教養智慧	上官賢恩
荒島校長的教子祕笈	陳兆焯
嘴巴失控了 —— 青少年導師求生手記	伍詠光、楊安琪
教壞細路 —— 荒島校長的教育筆記	陳兆焯
孩子不難教	余慧明、劉振國
敢夢想飛 —— Young life召命導航手冊	蔡元雲
玩創未來 —— 創路達人遊戲攻略70篇	鄧淑英、黃嘉儀、李潔卿、李樑林、梁裕宏
哪個孩子不出色	梁永泰
追風箏的父母	霍玉蓮
聖經中的經典言説	李錦洪
源心繪 —— 在塗鴉中發現自己	董謝小華
啟動羣體生命力 —— 小組訓練10課	區祥江
創路達人の從零開始	鄧淑英、梁裕宏、黃嘉儀、李潔卿
溝通演説26式 —— 從A至Z教你説得好	李錦洪